FINANZAS
BÍBLICAS

HÉCTOR **SALCEDO**

FINANZAS BÍBLICAS

CAMBIA TÚ Y **CAMBIARÁN TUS FINANZAS.**

Colección
Integridad
&Sabiduría

La misión de Editorial Vida es ser la compañía líder en satisfacer las necesidades de las personas con recursos cuyo contenido glorifique al Señor Jesucristo y promueva principios bíblicos.

FINANZAS BÍBLICAS
Publicado por Editorial Vida – 2020
Nashville, Tennessee
© 2020 Héctor Salcedo

Este título también está disponible en formato electrónico.

Editora en Jefe: *Graciela Lelli*
Edición: *Sofía Martínez*
Diseño interior: *Grupo Nivel Uno, Inc.*

ISBN: 978-0-82974-311-1
ISBN Ebook: 978-0-82974-800-0

CATEGORÍA: Negocios y Economía / Finanzas / General

IMPRESO EN ESTADOS UNIDOS DE AMÉRICA
PRINTED IN THE UNITED STATES OF AMERICA

24 25 26 27 28 LBC 18 17 16 15 14

CONTENIDO

INTRODUCCIÓN

Cuando de niño tenía que compartir con alguien alguna historia que incluía una referencia numérica, usualmente lo hacía con precisión. Un familiar llegó a designarme como «el hombre de los números exactos». Esa preferencia por la precisión, los datos y la información se fue acrecentando mientras crecía. Me atraía la investigación y el análisis de las cosas. Fue por esas razones que, al momento de escoger una profesión, me decidí por la economía.

La economía me atrajo por su capacidad de responder preguntas acerca del funcionamiento del mundo en el que vivimos. La economía le «pone números» al comportamiento de los agentes económicos ante sus distintas circunstancias, con el fin de dar precisión a sus aspectos imprecisos. Para mí fue como un «anillo al dedo».

Primero me formé como licenciado en mi país (República Dominicana), y luego me especialicé en Macroeconomía Aplicada en el exterior por casi tres años (Chile). Al regresar a mi país participé en el desarrollo de distintas iniciativas del sector privado, y en varias ocasiones trabajé como consultor para proyectos de organismos internacionales que prestaban apoyo al sector público de mi país. Posteriormente, decidí iniciar una empresa propia que, por la gracia de Dios, aún se mantiene operando y ofrece distintos servicios en el ámbito de la economía y las finanzas.

Junto con mi ejercicio profesional, también mi compromiso con el ministerio cristiano fue creciendo gradualmente. Tuve la oportunidad de involucrarme en una iglesia que recién iniciaba sus actividades casi desde que regresé a mi país y de una manera que yo no planifiqué, pero Dios sí, mi pasión por el estudio de la Palabra de Dios fue cautivando mi corazón al punto de que comencé a leer más la Biblia que textos de economía.

Con el paso del tiempo el servicio ministerial fue creciendo, hasta que fui ordenado como uno de los pastores de mi iglesia local, la Iglesia Bautista Internacional, el 2006. A pesar de ello, aún estaba al frente de mi empresa, pero dividía mi tiempo entre estas dos vocaciones, la economía y el pastorado. En realidad, mi formación profesional siempre ha sido un complemento de mi labor pastoral y he visto cómo Dios ha utilizado dicha formación para el beneficio de su pueblo.

De hecho, este libro de finanzas bíblicas es el resultado de esa combinación de vocaciones. El libro es una síntesis de la perspectiva bíblica con respecto de las posesiones materiales y, a partir de ello, una guía para administrar los recursos económicos de una manera que honre a Dios. He tratado de ofrecer un material útil y saturado de enseñanza bíblica. Un material que sea práctico, pero bíblicamente fiel.

Por razones obvias, a través de mis años de labor pastoral, muchos han buscado mi consejo cuando se encuentran en una situación financiera difícil. Por la gracia de Dios, he podido ayudar a muchos a salir de su complicada situación. Mi estudio bíblico, combinado con estar en «primera fila» viendo los problemas de mucha gente e incluso de mi propia vida, me ha permitido entender las principales raíces de estos asuntos y llegar a soluciones que produzcan frutos buenos y duraderos. En este sentido, este libro también es el resultado de esa combinación de estudio bíblico, experiencia pastoral y trasfondo profesional.

Para claridad del lector, quisiera ser preciso con mis objetivos desde esta introducción. No habré hecho bien mi labor si, luego de leer el libro, el lector no puede reconocer con precisión lo que recibió. A continuación, entonces, lo que me propongo es:

1. Mostrar que las dificultades financieras tienen, en su mayoría, un origen que responde a un desvío del carácter.
2. Exponer nuestra sutil pero fuerte inclinación a la avaricia; es decir, a acumular posesiones materiales.
3. Desenmascarar la razón de dicha avaricia, que no es más que nuestra equivocada idea de que la abundancia de bienes produce plenitud de vida.
4. Demostrar que la generosidad, lejos de «restarnos», nos suma, si creemos de corazón la significativa frase de nuestro Señor Jesús: «Más bienaventurado es dar que recibir» (Hch 20:35).
5. Mostrar cómo manejar las finanzas de forma tal que honremos a Dios. Ese es mi objetivo más amplio.

De manera intencional, en esta introducción, no daré más detalles de estos objetivos. Si los doy, quizás algunos optarían por no leer el resto de libro y es obvio que no quiero que eso ocurra.

Estoy convencido de que, si los objetivos mencionados anteriormente se alcanzan en las vidas de los lectores, los resultados de su manejo financiero cambiarán para bien. Tal y como mencioné en el quinto objetivo, pero quisiera enfatizarlo de nuevo, mi deseo (y debería ser el deseo de todo cristiano) es que nuestro manejo financiero no solo mejore para nuestro beneficio y tranquilidad, sino que también honre y complazca a nuestro Dios: «Porque de Él, por Él y para Él son todas las cosas. A Él sea la gloria para siempre. Amén» (Ro 11:36).

1

TU MANEJO DEL DINERO
REFLEJA QUIÉN ERES

Todos requerimos criterios para el adecuado manejo del dinero y las posesiones materiales que Dios nos ha dado para administrar. Sea cual sea nuestra condición, si estamos solteros o casados, seamos pobres o ricos, educados o no, sin importar nuestra nacionalidad o incluso nuestra condición espiritual, este tema es ineludible.

Son múltiples los problemas que se enfrentan como fruto de un manejo financiero inadecuado o, mejor dicho, no bíblico. Matrimonios en conflicto, tensiones entre hermanos, socios que se separan e, incluso, divisiones en iglesias son algunas de las situaciones que trae consigo un mal manejo financiero. A nivel personal, cuando la perspectiva de lo material no es bíblica, es común experimentar altos niveles de ansiedad, envidia, inseguridad, descontento, entre otras emociones, que conducen a la gente a no sentirse plena.

De ahí la necesidad de crecer en sabiduría en el ámbito del manejo de los recursos materiales. Esta sabiduría conlleva no solamente ser más diestros o capaces en la forma en que administramos nuestros recursos, sino también tener la perspectiva correcta de las posesiones. De esta manera, una perspectiva bíblica de las posesiones nos permitirá gobernar esta área de nuestras vidas de una manera que glorifique a nuestro Dios.

MÁS QUE TÉCNICAS

Es frecuente que la gente acuda a mí en busca de «consejería financiera». Asumo que la razón de esto es que, como ya se los he mencionado, además de pastor, soy economista y ejercí mi profesión por muchos años antes de dedicarme al ministerio. Como economista, he podido aportar «técnicas» financieras para ayudar a los aconsejados; como pastor, he podido ver un aspecto, con frecuencia ignorado, de los problemas financieros: que la mayoría de ellos tiene su origen, su raíz, en el corazón humano.

Tal vez hayas abierto este libro buscando técnicas para organizar tus finanzas y verás algo de eso en las siguientes páginas. Pero, más que técnicas, necesitamos primero observar las virtudes del carácter que conducen a un manejo financiero adecuado. La realidad es que hay un tipo de carácter que resulta en una vida financieramente desordenada y hay un tipo de carácter que produce un buen resultado financiero. Tus finanzas son, en gran medida, resultado de lo que eres. Por eso, es mi deseo que este libro, con la ayuda del Espíritu Santo, conduzca al lector a identificar aquellos aspectos de su carácter que lo han conducido a un manejo errado y hasta pecaminoso de sus recursos materiales, y que pueda arrepentirse y cambiar.

¿POR QUÉ LA BIBLIA HABLA TANTO SOBRE EL DINERO?

A muchos le sorprenderá saber que la Biblia tiene unos 2,350 versos que hacen referencia directa o indirecta al dinero y las posesiones materiales.* Además, de las treinta y ocho parábolas de Jesús, dieciséis tienen que ver con las posesiones y el manejo financiero. De hecho, en el Nuevo Testamento se estima que un diez por ciento de sus versos hace referencia a este tema de los «tesoros terrenales».

La abrumadora presencia de este tema en la Biblia parece comunicarnos que el dinero es importante. Ciertamente el dinero importa, pero no porque sea importante en sí mismo o porque lo sea más que otros temas como la oración, la gracia, el cielo o el infierno, que tienen en comparación menos versos que hablan de ellos. ¿Por qué entonces Dios ocupa tanto espacio de su Palabra para hablarnos sobre dinero y las posesiones materiales? Entiendo que hay al menos dos razones para eso.

En primer lugar, el dinero puede tener un potencial efecto perverso sobre nosotros. El dinero nos seduce al ofrecernos cierto grado de seguridad, bienestar, placer o poder. Sabemos que todos

---

* En el 1973, Howard Dayton, hombre de negocios, llevó a cabo un estudio de la Biblia y categorizó todos los pasajes que hablan de dinero y posesiones materiales. Unos de los resultados de dicho estudio es la afirmación de que unos 2,350 pasajes bíblicos tocan dicho tema.

estos ofrecimientos son frágiles y temporales, pero no por ello dejan de ser atractivos. Su poder seductor radica en que todas estas cosas que el dinero nos ofrece son aquí y ahora. Es por esta razón que es fácil que el ser humano haga del dinero un ídolo. Y cuando idolatramos el dinero, cambiamos para mal nuestro enfoque en la vida, tanto en las cosas que valoramos, en la manera en que actuamos como en la forma en que nos relacionamos con los demás. En este sentido, el dinero es espiritualmente peligroso. Fue por ello que Jesús dijo su famosa frase: «es más fácil para un camello pasar por el ojo de una aguja, que para un rico entrar en el reino de Dios» (Mt 19:24).

¿Significa eso que los ricos no entrarán en el reino de los cielos? Por supuesto que no, porque Jesús añade inmediatamente después, «pero para Dios todo es posible» (v. 26). Él puede cambiar los corazones de las personas para que atesoren a Dios por encima del dinero. Pero, ciertamente, Jesús enseña que la riqueza hace difícil que alguien considere a Dios como necesario. El dinero nos hace sentir independientes de Él y autosuficientes. Este es un ejemplo del potencial efecto perverso que las posesiones materiales pueden tener sobre el corazón humano.

En segundo lugar, otra posible razón por la que Dios habla tanto sobre las posesiones materiales en su Palabra es que el manejo de estas revela el estado de nuestros corazones. Así como Jesús dijo que nuestras bocas hablan de lo que abunda en el corazón (Mt 12:34), de igual forma, podemos percatarnos de muchas cosas del carácter de alguien al ver cómo maneja sus finanzas. Por ejemplo, cuando alguien gasta para ostentar, está poniendo de manifiesto su orgullo y su inseguridad personal. De la misma forma, la avaricia se pone en evidencia cuando una persona está dispuesta a mentir, agredir o dejar de lado su familia si es que ello le genera más dinero. Un corazón ingrato y materialista es mostrado cuando una persona compra, de manera habitual, cosas que no necesita. La falta de generosidad hacia los demás es una muestra del egoísmo en el corazón de una persona. Es por eso que decimos que el manejo que alguien hace de sus posesiones es una clara indicación del estado de su corazón.

TU MANEJO DEL DINERO REFLEJA QUIÉN ERES

Veamos tres ejemplos bíblicos que nos muestran la relación entre nuestro manejo del dinero y la realidad de nuestros corazones.

1. *El ejemplo de Zaqueo (Lucas 19:1-10)*

Muchos cristianos conocen la historia de Zaqueo. Aquel hombre pequeño, recaudador de impuestos, que se subió a un árbol para ver a Jesús pasar caminando cerca de él en medio de una multitud. Entonces, Jesús le dijo: «Zaqueo, date prisa y desciende, porque hoy debo quedarme en tu casa». Más adelante leemos:

> Pero Zaqueo, puesto en pie, dijo a Jesús: «Señor, la mitad de mis bienes daré a los pobres, y si en algo he defraudado a alguien, se lo restituiré cuadruplicado». «Hoy ha venido la salvación a esta casa», le dijo Jesús (vv. 8-9).

Según Jesús, Zaqueo se convirtió al Evangelio, lo que implica que se arrepintió de sus pecados, y aceptó a Jesús como el Mesías prometido. A partir de ese momento, este hombre se consideró un discípulo de Jesús. Luego de esto, ¿qué hizo Zaqueo? Su primera decisión fue tratar el dinero de una manera distinta. Quiso restituir el dinero que había robado y acumulado. Quiso ser económicamente responsable por lo que había hecho en el pasado. El nuevo nacimiento espiritual hizo que él tratara sus posesiones materiales de manera distinta.

¿Puedes ver cómo el manejo del dinero es una evidencia de lo que pasa en el corazón?

2. El joven rico (Mateo 19:16-26)

En una ocasión, un joven rico se acercó a Jesús para preguntarle: «Maestro, ¿qué cosa buena haré para obtener la vida eterna?». Jesús le respondió: «Si deseas entrar en la vida, guarda los mandamientos» y le citó algunos de los Diez Mandamientos. El joven le respondió diciendo: «Todo esto lo he guardado; ¿qué me falta todavía?».

Jesús le respondió: «Si quieres ser perfecto, ve y vende lo que posees y da a los pobres, y tendrás tesoro en los cielos; y ven, sé Mi discípulo». Pero al oír el joven estas palabras, se fue triste, porque era dueño de muchos bienes (vv. 21-22).

La respuesta de Jesús al joven rico podría llevar a algunos a concluir que la salvación que Jesús ofrece se consigue dando nuestras posesiones a los pobres o haciendo algún tipo de sacrificio. Pero esa sería una conclusión incorrecta.

La Biblia es clara en enseñar que nuestra salvación ni se gana, ni se logra, ni se alcanza con méritos personales, ni con el desarrollo de ciertas virtudes o con sacrificios autoimpuestos. Tal y como lo dice el apóstol Pablo, «Porque la paga del pecado es muerte, pero la dádiva de Dios es vida eterna en Cristo Jesús Señor nuestro» (Ro 6:23). Nuestra salvación es un regalo de Dios gracias a los méritos de Cristo en nuestro favor. Esto es consistente con lo que Jesús le dice al joven rico, cuando luego de entregar sus bienes a los pobres, le dice «...y ven, sé Mi discípulo». La salvación está en seguir a Jesús. Él es «el camino, la verdad y la vida; nadie viene al Padre sino por Mí» (Jn 14:6).

Seguirlo a Él implica darle el primer lugar, por encima de nuestras posesiones. Si Él nos pide que vendamos todo y lo demos a los pobres, deberíamos estar dispuestos a hacerlo, puesto que Él es Señor. De ahí que el joven «al oír estas palabras, se fue triste, porque era dueño de muchos bienes» (Mt 19:22). Prefirió su riqueza al señorío de Cristo. Lo material lo tenía «atrapado». Inmediatamente después de este encuentro, Jesús dice: «En verdad les digo que es difícil que un rico entre en el reino de los cielos» (Mt 19:23).

Aquí se ve lo contrario a la experiencia de Zaqueo. Este es otro ejemplo de cómo la forma en que manejamos lo material pone de manifiesto lo que hay en el corazón, y lo que había en este joven rico era idolatría por sus posesiones.

3. La predicación de Juan el Bautista (Lucas 3:3-14)

El ministerio de Juan el Bautista consistía en preparar a la gente para la llegada de Jesús como Mesías. Su ministerio fue confrontador y, por ende, fue un llamado al arrepentimiento y a que las personas «enderecen el camino del Señor» (Jn 1:23). En una ocasión, le dijo al pueblo:

¡Camada de víboras! ¿Quién les enseñó a huir de la ira que vendrá? Por tanto, den frutos dignos de arrepentimiento; y no comiencen a decirse a ustedes mismos: «Tenemos a Abraham por padre», porque les digo que Dios puede levantar hijos a Abraham de estas piedras. El hacha ya está puesta a la raíz de los árboles; por tanto, todo árbol que no da buen fruto es cortado y echado al fuego (Lc 3:7-9).

Ante tal confrontación, muchas personas se le acercaron a preguntarle: «¿Qué, pues, haremos?» (v. 10). Entonces, leemos:

Juan les respondía: «El que tiene dos túnicas, comparta con el que no tiene; y el que tiene qué comer, haga lo mismo». Vinieron también unos recaudadores de impuestos para ser bautizados, y le dijeron: «Maestro, ¿qué haremos?» «No exijan más de lo que se les ha ordenado», les respondió Juan. También algunos soldados le preguntaban: «Y nosotros, ¿qué haremos?» «A nadie quiten dinero por la fuerza», les dijo, «ni a nadie acusen falsamente, y conténtense con su salario» (vv. 11-14).

Sorprende ver que los «frutos dignos de arrepentimiento» a los que se refiere Juan el Bautista en esta ocasión tenían que ver con la forma en la que ellos manejaban sus posesiones y cómo se sentían con respecto a ellas. Llamó a las personas a la generosidad, los mandó a dejar la avaricia y la corrupción, y les habló del contentamiento. Una vez más vemos que la forma en que se maneja lo material es una indicación del estado del corazón.

EL PELIGRO DE LA AVARICIA Y EL MATERIALISMO

A la luz de todo lo anterior, es fácil entender por qué Dios condena y prohíbe la avaricia: «Sea el carácter de ustedes sin avaricia, contentos con lo que tienen» (Heb 13:5). De hecho, la avaricia es considerada como idolatría (Col 3:5).

La palabra para «avaricia» en griego es *pleonexia* y se compone de *pleon*, «más», y *exo*, «tener». Es pocas palabras, es el deseo de tener más. Y puede suceder en cualquier ámbito, es decir, la avaricia induce a querer más de lo que se tiene de cualquier cosa. En otras palabras, es el deseo que dice: «yo quiero tener más, quiero lo más nuevo, lo más bonito, quiero algo diferente, quiero mucho de todo».

Esa actitud es muy común hoy en día. Deseamos vivir en otro lugar, tener otro vehículo, tener otro celular, tener otro tipo de ropa, cambiar a nuestros hijos de colegio y algunos hasta cambiar de cónyuge. Por supuesto, hay un grado de deseo y aspiración en la vida que es legítimo. Pero hay un punto en donde esto se convierte en avaricia y es cuando dejamos de estar contentos con lo que tenemos.

De ahí que Jesús dice: «Estén atentos y cuídense de toda forma de avaricia; porque aun cuando alguien tenga abundancia, su vida no consiste en sus bienes» (Lc 12:15). Para Jesús la «vacuna» contra la avaricia es la verdad de que la vida no consiste en los bienes que se poseen. Cuando una persona entiende que su vida consiste en sus bienes, es decir, que ellos le dan significado, valor y plenitud, entonces hace de la acumulación material su propósito, y de la avaricia su estilo de vida.

Lo que realmente importa en la vida no es provisto por las posesiones materiales. Ellas son útiles mientras estamos en esta tierra, pero no pueden proveer la plenitud que el ser humano anhela y que solo puede encontrar en Dios. Es por esto que Jesús advierte contra la avaricia al decir «estén atentos y cuídense de toda forma de avaricia». Es una advertencia llena de sabiduría y bondad para evitarnos el desperdicio de nuestras vidas.

Inmediatamente después de esta enseñanza, Jesús relata una parábola para ilustrar su punto:

Entonces les contó una parábola: «La tierra de cierto hombre rico había producido mucho. Y él pensaba dentro de sí: "¿Qué haré, ya que no tengo dónde almacenar mis cosechas?". Entonces dijo: "Esto haré: derribaré mis graneros y edificaré otros más grandes, y allí almacenaré todo mi grano y mis bienes. Y diré a mi alma: alma, tienes muchos bienes depositados para muchos años; descansa, come, bebe, diviértete". Pero Dios le dijo: "¡Necio! Esta misma noche te reclaman el alma; y ahora, ¿para quién será lo que has provisto?". Así es el que acumula tesoro para sí, y no es rico para con Dios» (Lc 12:16-21).

Quedarán profundamente decepcionados los que viven como si la vida consistiese en los bienes que se poseen cuando se den cuenta que no tendrán ningún beneficio de ellos luego de terminar esta corta vida y de que todo lo que poseían quedará en manos de otros. En la parábola vemos a una persona que enfoca toda su vida en «el aquí y el ahora», no considera a Dios, ni a los demás, ni la eternidad. Para Jesús, este individuo es un necio. Alguien ha definido al necio como aquel cuyos planes terminan en el sepulcro. Este hombre era desde luego un necio.*

Dado que hemos sido creados para la eternidad (Ecl 3:11) y para tener una relación con Dios, es imposible que este mundo, que solo ofrece cosas temporales y materiales, pueda dar plenitud al ser humano. Ahora podemos entender por qué Jesús nos

---

* MacDonald, William. *Comentario Bíblico de William MacDonald: Antiguo Testamento y Nuevo Testamento*. Viladecavalls (Barcelona), España: Editorial CLIE, 2004. Print.

exhorta a cuidarnos de la avaricia y a tener claro que «la vida no está en los bienes».

Sin embargo, vivimos en una generación avariciosa y materialista. Hoy en día, la idea de acumular bienes es el objetivo principal de vida de mucha gente. Aun dentro de los círculos cristianos encontramos ese objetivo revestido de enseñanza espiritual. De hecho, hay todo un movimiento denominado «Evangelio de la Prosperidad» que haciendo un uso incorrecto de la Biblia enseña que la prosperidad material es equivalente a la bendición de Dios y que, por tanto, Dios quiere a *todos* sus hijos prosperados materialmente.

La Palabra de Dios nos enseña que la formación del carácter de Cristo en nosotros es la mayor bendición que podemos tener (Ro 8:29-30). Si el proceso de formación de mi carácter implica que Dios me prive de lo material porque va a formar en mí la imagen de Cristo, Él lo va a hacer. Lo más importante ante Él no es lo que tengo, sino lo que soy. Entonces, para Dios, lo material es solo un instrumento para hacer su obra en mí.

Dios me da tiempos de abundancia y disfrute, y es algo bueno. Pero Dios, en otros momentos, me priva de estas cosas (Fil 4:12). Eso no es una maldición o un obrar de Satanás quitándome lo que Dios me quería dar. En cambio, Dios usa las posesiones como un instrumento para enseñarme que dependo de Él, que debo vivir con contentamiento y que la vida no consiste en los bienes, tal y como Jesús enseñó.

¿PARA QUÉ VIVES EN REALIDAD?

En su libro, *El hombre light,* el autor secular Enrique Rojas expresa correctamente:

En este final de siglo, la enfermedad de occidente es la de la abundancia: tener todo lo material y haber reducido al mínimo lo espiritual. No importan ya los héroes, los personajes que se proponen como modelos carecen de ideales: son vidas conocidas por su nivel económico y social, pero rotas, sin atractivo, incapaces de echar a volar y superarse a sí mismas. Gente repleta de todo, llenas de cosas, pero sin brújula, que recorren su existencia consumiendo, entretenidos con cualquier asuntillo y pasándolo bien, sin más pretensiones.[1]

A pesar de que este autor no es cristiano, hay sabiduría en sus palabras porque nos recuerdan algo que la Biblia lleva mucho tiempo advirtiendo (Ecl 5:10; Lc 12:15): dedicamos nuestra vida a adquirir cosas que no tienen ninguna relevancia e importancia eterna, pero que nos ocupan tiempo y atención ahora; lo que queremos es pasarla bien sin más pretensiones.

Cuando Zaqueo se convirtió en discípulo de Jesús, inmediatamente vimos que el dinero era el dios de Zaqueo. Cuando el joven rico rechazó seguir a Jesús, inmediatamente vimos que el dinero también era su «dios». Y cuando Dios llama «necio» al rico de la parábola que vive para acumular bienes, vimos que el enfoque de su vida era lo material. La forma en que esta gente se vinculó con lo material, y la forma en que tú y yo lo hacemos, revela los ídolos de nuestro corazón.

Es por esto que el manejo de nuestro dinero habla claramente de quiénes somos y de qué valoramos. En vista de esto, lograr finanzas «sanas» o, lo que es lo mismo, manejar nuestras posesiones bíblicamente requerirá más que estrategias.

En vista de que mi manejo financiero expone la condición de mi corazón, cambiar mis finanzas requerirá que yo cambie primero.

Esto implica que para restaurar mis finanzas según el ideal bíblico será necesario mi arrepentimiento en muchas áreas. Y no solo esto, sino que implicará poner a Dios donde le corresponde en vista de que «Nadie puede servir a dos señores; porque o aborrecerá a uno y amará al otro, o apreciará a uno y despreciará al otro. Ustedes no pueden servir a Dios y a las riquezas» (Mt 6:24).

Les doy un ejemplo: no puedo corregir completamente un hábito de compra compulsiva a menos que entienda que eso es pecado (avaricia) y me arrepienta de ello, lo evite e inicie un proceso de cambio de ese rasgo de mi carácter. Otro ejemplo sería, si gasto mi dinero como esposo sin consultarle a mi esposa porque «ella no es la que gana el dinero, sino yo», no voy a poder cambiar a menos que entienda el egoísmo que dicha actitud pone de manifiesto. Debo entender que en el matrimonio somos «una sola carne» y que, en última instancia, el dinero no es nuestro, sino de Dios.

Como vemos en estos ejemplos, nuestros hábitos e ideas pecaminosas hacen que actuemos financieramente de formas que contradicen los principios de la Palabra.

ENTONCES, ¿ES PECADO SER RICO?

Todo esto puede llevarnos a pensar que es pecado ser rico o que hay algo de malo en tener dinero o posesiones materiales en abundancia. Es importante aclarar eso porque, luego de lo visto hasta ahora, podría parecer que la Biblia nos llama a darle la espalda a toda adquisición de recursos económicos, aunque sea legítima y honesta. En realidad, Dios nos ha colocado en este mundo con dones, talentos y capacidad para generar recursos. Podemos hacer eso sin que el dinero sea nuestro dios.

Aunque algunas personas han hecho incluso votos de pobreza porque su convicción es que tener dinero es malo o pecaminoso, la verdad es que en ningún lugar de la Biblia se lee que ser rico sea pecado. La Biblia nos advierte del peligro del dinero, pero ningún pasaje afirma que tenerlo, incluso en abundancia, sea malo en sí mismo.

El pasaje que nos habla de manera más clara sobre esto fue parte de las enseñanzas del apóstol Pablo a Timoteo, «Porque la raíz de todos los males es el amor al dinero, por el cual, codiciándolo algunos, se extraviaron de la fe y se torturaron con muchos dolores» (1Tim 6:10). ¿Cuál es el problema en realidad? No es el dinero en sí mismo, sino el amor al dinero. De nuevo, es un asunto del corazón. Suena paradójico, pero es posible que una persona pobre ame el dinero, y que una persona rica no. El problema no está en la cantidad de posesiones materiales que se tienen, sino en la disposición del corazón hacia ellas.

El texto también nos advierte que algunas personas, llenas de avaricia, se apartaron de la fe y llegaron a sufrir por las consecuencias que les trajo el deseo intenso de enriquecerse. En efecto, el dinero, si lo idolatramos, puede producirnos dolores, tal y como decía J. C. Ryle:

El dinero, en realidad, es una de las posesiones menos satisfactorias. Indudablemente, quita algunas ansiedades, pero introduce tantas como quita. Hay aflicción en su búsqueda. Hay ansiedad en su conservación. Hay tentaciones en su utilización. Hay culpa en su abuso. Hay dolor en su pérdida. Dos terceras partes de todas las luchas, peleas y pleitos en el mundo surgen de una sola causa: el dinero.[2]

El primer gran problema que tenemos por causa del amor al dinero es con Dios porque, cuando ponemos al dinero en el primer lugar, estamos destronando a Dios del lugar que le corresponde en nuestras vidas. Luego vienen los problemas con los demás. Cuando se da al dinero una importancia desmedida o idolátrica, sufren las amistades, la familia o cualquier otra relación interpersonal. En estos casos, el conflicto surge con facilidad cuando el dinero es puesto en riesgo. Personas con el dinero como ídolo tienden atropellar cuando un dependiente de una tienda o restaurante los atiende mal en vista de que ellos «pagaron su dinero».

Pero el dinero no es malo en sí mismo, y eso queda claro en el mandato que Pablo da a los ricos a través de Timoteo: «A los ricos en este mundo…, enséñales que hagan bien, que sean ricos en buenas obras, generosos y prontos a compartir» (1 Ti 6:17-18). Notemos que Pablo no les manda a vender lo que tienen, sino que los exhorta a la generosidad. Se trata de una disciplina espiritual para el rico.

Debo aclarar que ser generoso va más allá de la dádiva a los necesitados. El generoso tiende a pagar mejor cuando tiene empleados. Más aún, cuando compra, no quiere aprovecharse del otro, sino que paga un precio justo por lo que adquiere. De la misma manera, si el generoso vende algún producto o servicio lo hace a un precio que deja la impresión que está sirviendo a los demás. En el último capítulo del libro hablaremos más extensamente de la generosidad.

Si Dios es dueño de todo lo que existe (Sal 104:24), las riquezas no pueden ser malas o perversas en sí mismas. Además, Dios mismo le dio al hombre la capacidad para producir riquezas (Dt 8:18).

Hay gente que tiene talento para ver oportunidades de negocios donde nadie más las ve. Tal vez conoces la anécdota de los dos vendedores de zapatos que son enviados por su empresa a un país muy pobre. Uno le comunicó a la empresa: «Miren, aquí no hay mercado porque todo el mundo anda descalzo. Aquí no hay una cultura del zapato; no hay negocio para nosotros en este lugar». Sin embargo, el otro vendedor llamó eufórico a la empresa: «¡Aquí el mercado está totalmente virgen! Aquí la gente no usa zapatos todavía». ¿Has conocido gente así, con capacidades para ver oportunidades y producir dinero? Se trata de una habilidad que Dios concede.

Por todas esas razones, podemos decir que las riquezas no son malas en sí mismas, y hay principios bajo los cuales podemos manejarlas de forma tal que glorifiquemos a Dios por medio de ellas. El peligro es el amor al dinero, que nuestros corazones se desvíen tras las riquezas como un fin en sí mismo.

CÓMO SABER SI AMAS EL DINERO

Deseo concluir este capítulo ayudándote a evaluar si amas el dinero. Si ese es el caso, será un problema tener tus finanzas en orden según los parámetros bíblicos, porque los principios bíblicos del manejo financiero, por ejemplo, incluyen compartir con otros. El que ama el dinero tiende a priorizar el dinero como su búsqueda principal y descuida otros aspectos fundamentales de su vida, como su familia, la iglesia y, sobre todo, su relación con el Señor.

A continuación, presento cinco preguntas que te servirán para diagnosticar si tu relación con el dinero es sana o caíste en la trampa de la avaricia o del amor al dinero.

1. ¿Estás dispuesto a pecar para ganar más?

Hay personas que mienten en su declaración de impuestos, en contratos de traspasos de propiedades, en negocios diarios, en cotizaciones, al hacer publicidad engañosa de algún producto y mucho más, sencillamente para retener más dinero. Esta actitud también puede notarse cuando le hablamos mal a un hijo porque malogró, de manera no intencional, un computador u ofendemos a alguien que nos ofreció muy poco por el auto que estamos vendiendo. En esos momentos, solemos pensar cosas como: «Esa no es mi intención, pero tengo que defenderme porque, si no actúo de esta manera, se van a aprovechar de mí». Así buscamos racionalizar nuestra avaricia y el mal proceder al que nos lleva.

Cuando hablo sobre estas cosas, algunos podrían pensar: «Este es un asunto fácil para usted porque es pastor». La verdad es que pasé más de 15 años como empresario privado a tiempo completo. De hecho, todavía tengo una empresa que sigue funcionando y debo fijar precios, declarar y pagar mis impuestos, contratar personal y cumplir con un sinnúmero de obligaciones. Es todo un desafío conducirse con integridad, pero siempre hay maneras de hacerlo. Dios honra a aquellos que lo honran. Y yo todavía sigo aprendiendo en el proceso de buscar honrar siempre al Señor.

2. ¿Cómo está tu nivel de contentamiento?

El contentamiento puede ser bíblicamente definido como la «satisfacción interna que no exige cambios en circunstancias externas».* Es el estado interior que dice que lo que tenemos es suficiente. El contentamiento no demanda, no se queja, agradece y confía en que Dios ha dispuesto todas las cosas según su sabia voluntad.

---

* Brand, Chad et al., eds. «Contentment», *Holman Illustrated Bible Dictionary* 2003 : 335. Print.

El nivel de contentamiento es un buen indicio del amor al dinero. Si nos encontramos siempre deseando más cosas, sea porque queremos cosas nuevas o mejores o más llamativas, puede ser que tengamos un corazón descontento. Si en ocasiones sentimos el deseo de tener lo que otros tienen y experimentamos alguna inclinación a la queja en nuestro corazón o irritabilidad por lo que no tenemos, puede ser que el descontento esté presente en nosotros.

El plan de Dios es perfecto para nuestras vidas en cada momento. La situación en la que te encuentras ahora, económicamente hablando, es la situación idónea para que Dios haga la obra que tiene que hacer en tu corazón. Si Él te da más o menos de lo que ha dispuesto, dañaría su obra.

Él sabe dónde te ha puesto, y tú debes estar contento con lo que tienes porque Él es el dueño de tu vida y de lo que ha dejado en tus manos. No podemos exigirle cosas a Él ni pretender renunciar a la mayordomía que nos ha dado. ¿A dónde más vas a ir? Y cuando aprendas a contentarte, entonces, quizá Él te provea un poquito más de abundancia, si es que así entiende que es de provecho para ti.

3. ¿Cómo manejas los extremos económicos?

En Proverbios 30:7-9, leemos:

Dos cosas te he pedido, no me las niegues antes que muera: Aleja de mí la mentira y las palabras engañosas, no me des pobreza ni riqueza; dame a comer mi porción de pan, no sea que me sacie y te niegue, y diga: «¿Quién es el SEÑOR?». O que sea menesteroso y robe, y profane el nombre de mi Dios.

En este salmo, su autor (Agur), hace una humilde oración para que Dios provea lo justo y necesario para sus necesidades. Él observa que tiene dos tentaciones en el ámbito económico: «Si tú me das mucho SEÑOR, yo me puedo olvidar de ti». Esa es la tentación de sentirte autosuficiente e independiente de Dios y decir: «¿Quién necesita a Dios?». El corazón orgulloso, con mucha abundancia, puede llegar a pensar eso, y Agur no quiere ser tentado de esa manera.

Pero Agur detecta otra tentación en el otro extremo: «SEÑOR, si me das poco, quizá yo peque de otra forma e incluso llegue a robar porque soy un hombre débil». Mientras que el rico se siente tentado a la autosuficiencia, el pobre se siente tentado al descontento y la falta de integridad.

¿Cómo manejas esos extremos? Me causa admiración el ejemplo del apóstol Pablo descrito en su carta a los Filipenses:

Sé vivir en pobreza, y sé vivir en prosperidad; en todo y por todo he aprendido el secreto tanto de estar saciado como de tener hambre, de tener abundancia como de sufrir necesidad. Todo lo puedo en Cristo que me fortalece (Fil 4:12-13).

El secreto para el contentamiento de Pablo es que tenía a Cristo como su tesoro. Cuando eso ocurre, podemos llegar a tener muchas cosas sin que ellas sean nuestro tesoro. Disfrutamos lo que poseemos y agradecemos a Dios por eso. Y si tenemos poco, Cristo sigue siendo nuestro tesoro y podemos sobrellevar toda circunstancia con Él. La forma en que manejamos los extremos indica si amamos las cosas materiales o amamos al Señor.

4. ¿Te gusta ostentar lo que tienes?

Cuando te va bien económicamente, tienes la tentación de mostrar a otros tu «éxito». Con frecuencia quieres que otros noten el hermoso auto que conduces o que se enteren de las increíbles vacaciones que disfrutas o de la buena ropa que usas o los exquisitos restaurantes que visitas.

Las redes sociales nos han facilitado caer en este pecado de ostentar lo que tenemos y mostrar la «buena vida» que estamos disfrutando. Cuídate de no hacer esto, buscando el asombro y aprobación de los demás. Tal y como Jesús decía: «Aun cuando alguien tenga abundancia, la vida no consiste en sus bienes». Cuando la ostentación es un hábito, el amor por el dinero está presente en el corazón.

5. ¿Te cuesta dar y ser generoso?

Una última pregunta que quisiera sugerir como forma de diagnosticar si se ama el dinero es la siguiente: ¿Con cuánta facilidad compartes con otros de lo que tienes? No me refiero simplemente a dar una limosna o conceder una propina, aunque esas cosas pueden indicar generosidad y nos pueden distinguir como hijos de Dios. Se trata de dejar un mensaje de generosidad en toda nuestra manera de proceder y seguir así el ejemplo de Dios, que ha sido generoso con nosotros no solamente en lo económico. Es vivir de una forma que demuestre gracia para con los demás, esa gracia que hemos recibido de parte de nuestro Dios.

En el capítulo siete de este libro veremos más en detalle este tema de la generosidad. Por lo pronto, podemos decir que si tengo dificultad en «abrir mis manos» para compartir lo que tengo es una clara indicación de mi grado de apego o amor a lo material.

Es por todo esto que entramos a este libro no en busca de simples estrategias financieras, sino en procura de una transformación de nuestro carácter que nos conduzca a gozar de buena salud financiera. Y que dicha salud no emane de ser más «diestros» con nuestras finanzas, sino de ser más semejantes a Cristo.

2

DOS PRINCIPIOS CLAVES

El mensaje principal del capítulo anterior lo podemos resumir con la siguiente cita de Larry Burkett, fundador de Ministerios Crown:[3] «La forma en que manejamos nuestro dinero es una demostración externa de una condición espiritual interna».[4] Nuestro carácter determina y sostiene nuestros valores, y ellos determinan nuestras decisiones.

Cuando nuestras decisiones financieras nos conducen por el camino del déficit recurrente y la acumulación de deuda, no estamos enfrentando solamente un problema financiero, sino uno de carácter. Si queremos cambiar nuestras finanzas, tendremos que cambiar nuestra forma de ser. En otras palabras, así como ciertas grietas en una pared no se resuelven simplemente pintándolas, sino corrigiendo los fundamentos de la edificación, de la misma forma, corregir nuestros problemas financieros requerirá que revisemos de manera profunda nuestro carácter y la manera en que pensamos en cuanto al dinero y las posesiones.

Es por esto que en este capítulo nos proponemos revisar lo que entendemos son dos principios bíblicos claves para concebir y manejar nuestras posesiones de una manera que honre a Dios. La idea es poner los fundamentos para luego, basado en ellos, exponer los detalles del manejo financiero bíblico en los capítulos siguientes.

PRINCIPIO 1:
LO MATERIAL NO DEBE SER UN FIN EN NUESTRA VIDA

Aunque ya expusimos algunos aspectos de este principio en el capítulo anterior, nos proponemos profundizar aún más en esta sección. Tener más dinero y posesiones no debe ser la principal motivación de nuestras vidas. Es cierto que lo material cubre algunas necesidades fundamentales como sostener a nuestras familias y suplir lo necesario para alcanzar algunas aspiraciones materiales legítimas. Pero eso no debe ser el motor ni el objetivo de nuestros corazones.

Lucas nos habla de un individuo que viene a Jesús y le pide: «Maestro, dile a mi hermano que divida la herencia conmigo» (Lc 12:13). «"¡Hombre!", le dijo Jesús, "¿Quién me ha puesto por juez o árbitro sobre ustedes?"» (Lc 12:14). En otras palabras, les dijo: «Yo no tengo que ver con este problema». Para Jesús era válido responder así posiblemente porque Él no era ninguna autoridad legal para esa familia. Es muy probable que el hermano que estaba tomando la herencia para sí no reconocería ninguna autoridad en Jesús como para obedecerle.

Inmediatamente después, tal y como vimos en el capítulo anterior, Jesús compartió una lección espiritual: «Estén atentos y cuídense de toda forma de avaricia; porque aun cuando alguien tenga abundancia, su vida no consiste en sus bienes» (Lc 12:15). En otras palabras, Jesús dijo: «Yo no tengo autoridad sobre ustedes, pero puedo decirte —y eso fue lo que el Señor detectó en el corazón de este individuo— que tienes un problema de avaricia».

El problema con la avaricia es que desvía nuestra mirada de las cosas importantes y nos hace enfocarnos en lo material, en lo que este mundo nos puede ofrecer. En términos sencillos, la avaricia se puede entender como el deseo de tener más y más. No solo dinero y posesiones, sino que la avaricia puede cubrir todo aquello que sea objeto del deseo humano. El «combustible» para la avaricia en nosotros es la idea de que tener más me da plenitud. Y esa idea hace que el avaricioso sea un idólatra, pues entiende que su fuente de plenitud no es Dios, sino eso que desea (Col 3:5).

En la vida avariciosa se creen una serie de ideas mundanas. Primero, está la idea de que, mientras más tengo, más importante soy. En este caso, asocio mi valor como persona al nivel de las cosas que consumo. Por ejemplo, cuando el avaricioso va a un buen restaurante quiere que otros lo vean y sepan que él está allí. Eso lo hace sentirse valioso, importante. Y, en segundo lugar, para el avaricioso, como ya dijimos, tener más bienes materiales es siempre mejor. Eso lo lleva a desear cosas nuevas. Esta persona confunde el disfrute del estreno de algo nuevo con gozo, pero estas son dos cosas muy diferentes: lo primero es absolutamente transitorio y material, mientras que lo segundo es eterno si lo tenemos en Dios.

La avaricia tiene la capacidad de adherirse a la vida de una persona sin importar su estatus social. Hay gente con pocos recursos que es avariciosa, y gente con muchos recursos que no lo es. La realidad es que ningún pecado discrimina por clase social.

Presta atención a la advertencia de Jesús: «Estén atentos y cuídense». Se implica que la avaricia tiene un aspecto sutil. Si no nos cuidamos, ella puede entrar al corazón casi sin que nos percatemos. La avaricia es sigilosa. Si no estás atento, tu corazón podría ir con facilidad en la dirección de asociar lo material con el valor personal y el gozo del alma, y caer con facilidad en el pecado de la avaricia.

Considera también por qué Jesús nos da esta advertencia: «porque aun cuando alguien tenga abundancia, su vida no consiste en sus bienes». Cuando Jesús habla aquí de la vida, lo hace en sentido amplio, refiriéndose a lo que la vida es y representa, lo que te puede ofrecer. Puedes tener poco y tener vida, pero también puedes tener mucho y no tener vida. Así que ella no consiste en la abundancia y los bienes que la persona posee. ¡Qué gran lección y advertencia!

J. R. Miller resume bien la enseñanza de este pasaje bíblico en la siguiente cita:

Esta es una de las banderas rojas de peligro que el Señor izó y que la mayoría de la gente en la actualidad no parece considerar mucho. Cristo dijo mucho acerca del peligro de las riquezas; pero no hay demasiadas personas que le tengan miedo a las riquezas. La codicia no es considerada en la práctica como un pecado en nuestros tiempos. Si alguien quebranta el sexto o el octavo mandamiento, es marcado como un criminal y queda cubierto de oprobio. Pero puede quebrantar el décimo, y está solo haciendo empresa.[5]

El décimo mandamiento dice: «No codiciarás» (Éx 20:17). En otras palabras, «no desearás más, más y más». Pero este mandamiento constantemente es incumplido y nadie considera que quebrantarlo es pecado. Parece que la gente tiene licencia para la avaricia en nuestra época. Incluso en los círculos empresariales la ambición de una persona es aplaudida.

La Palabra de Dios aplaude la empresa, la iniciativa, el ser trabajador, industrioso y buscar ser excelente en todo. Lo que no aplaude es que creas que acumular y tener logros te llenará, te hará sentir pleno o te dará un valor que, en realidad, ya tienes por ser creado a imagen de Dios y adoptado por Él en Cristo.

El engaño de las riquezas

Mateo nos entrega la parábola del sembrador donde Jesús cuenta la historia de un sembrador que esparció una semilla que cayó en diferentes tipos de terreno. La semilla representa la Palabra de Dios. Cuando fue esparcida, una parte cayó en un camino, otra cayó entre espinos, otra cayó entre piedras y otra en buena tierra.

Según Jesús, la semilla, que representa la Palabra de Dios, que cayó entre espinos no dio fruto alguno porque fue ahogada por los espinos. En su explicación, Jesús dice que esos espinos representan «las preocupaciones de este mundo y el engaño de las riquezas» (Mt 13:22). Eso fue lo que no permitió que la Palabra de Dios penetrara el corazón.

¿A qué se refiere Jesús cuando habla del «engaño de las riquezas»? Mejor cambiemos la pregunta: Si la riqueza fuera una persona y diera un discurso, ¿qué crees que nos diría? Yo creo que nos diría: «Yo te puedo llenar y dar valor. Si me tienes a mí, lo tienes todo y lo puedes todo. Si me tienes a mí, la gente te respetará y te buscará. De hecho, si me tienes, eres más que los demás». Creo que este sería el «discurso» de las riquezas si pudiesen hablar. De hecho, por la forma en que muchos viven, creo que es un discurso al que se le ha puesto bastante atención.

Jesús dice que ese discurso es engañoso «porque aun cuando alguien tenga abundancia, su vida no consiste en sus bienes» (Lc 12:15). Salomón, uno de los hombres más ricos y sabios de la historia, escribió: «El que ama el dinero no se saciará de dinero, y el que ama la abundancia no se saciará de ganancias. También esto es vanidad» (Ec 5:10).

Podría decirse que el que ama la ganancia es como el que bebe agua salada para aliviar su sed: cree que está eliminando su sed cuando en realidad se envenena. Cada trago le da más sed y, mientras más sed tiene, más bebe. Mientras más bebe, más daño se hace. Así es el efecto de la riqueza en un corazón avaricioso.

En otro pasaje, que ya vimos en el capítulo anterior, pero que quiero revisar nuevamente y extraer otras enseñanzas, Pablo le escribe a su amado discípulo:

Pero los que quieren enriquecerse caen en tentación y lazo y en muchos deseos necios y dañosos que hunden a los hombres en la ruina y en la perdición. Porque la raíz de todos los males es el amor al dinero, por el cual, codiciándolo algunos, se extraviaron de la fe y se torturaron con muchos dolores (1 Ti 6:9-10).

Pablo expone que el deseo de enriquecerse es tóxico. No dice que todos los ricos están intoxicados. Según el apóstol, el que desea riquezas cae en «muchos deseos necios y dañosos». Dicho deseo conduce a la persona a una serie de decisiones que eventualmente traerán consecuencias de «ruina y perdición».

¿Cómo puede lucir esto en nuestras vidas? Por ejemplo, el deseo de ser rico me puede conducir a seleccionar mis amigos y conocidos solo entre personas ricas; no piadosas, sino ricas. La idea detrás de esto podría ser que hacer amigos ricos nos permitiría «escalar» en la vida. Ese es solo un ejemplo de uno de los deseos necios que provienen del deseo de enriquecernos.

Muchos hombres comenzaron con el deseo de ser ricos y lo lograron, pero perdieron a sus familias en el intento. Tienen mucho dinero, pero no tienen con quién disfrutarlo. En el proceso, incluso cuando les llamaban la atención sobre su conducta, ellos decían que perseguían las riquezas «por el bienestar de la familia». Tristemente, no se percataron a tiempo de que la mayor necesidad de su familia, más que posesiones materiales, era amor, afecto y el cuidado moral y espiritual de la familia.

En resumen, la persona que quiere enriquecerse tendrá problemas en múltiples áreas de su vida. De ahí que el primer principio bíblico a considerar en cuanto al manejo financiero es que el dinero y las posesiones materiales no pueden constituirse en el fin o el propósito de mi vida.

PRINCIPIO 2:
SOMOS MAYORDOMOS, NO DUEÑOS

El segundo principio fundamental para un manejo bíblico del dinero y las posesiones es comprender a quién realmente le pertenecen esos bienes. Según la Biblia, ¿quién es el verdadero dueño de todo lo que tienes? Veamos algunos versículos bíblicos y deduzcamos lo que dicen al respecto:

- «Del SEÑOR es la tierra y todo lo que hay en ella; el mundo y los que en él habitan» (Sal 24:1).

- «Mía es la plata y mío es el oro —declara el SEÑOR de los ejércitos—» (Hag 2:8).

- «Al SEÑOR tu Dios pertenecen los cielos y los cielos de los cielos, la tierra y todo lo que en ella hay» (Dt 10:14).

- Pregunta Dios a Job: «¿Quién me ha dado algo para que Yo se lo restituya? Cuanto existe debajo de todo el cielo es Mío» (Job 41:11).

- Dice Dios a David: «Si Yo tuviera hambre, no te lo diría a ti; porque Mío es el mundo y todo lo que en él hay» (Sal 50:12).

Estos textos enseñan que Dios es el dueño de todo, incluso de nosotros. Como escribió Pablo: «Porque han sido comprados por un precio. Por tanto, glorifiquen a Dios en su cuerpo y en su espíritu, los cuales son de Dios» (1 Co 6:20). Le pertenecemos a Dios, primero por creación y luego por redención. Dios nos creó y, por tanto, Él es nuestro dueño; Dios nos redimió y nos compró por sangre y somos suyos. Aquellos que hemos puesto nuestra fe en Cristo y nos hemos sometido a su señorío en nuestras vidas somos posesión especial de Dios.

Asimismo, de Dios procede la capacidad para hacer riquezas: «Pero acuérdate del SEÑOR tu Dios, porque Él es el que te da poder para hacer riquezas, a fin de confirmar Su pacto, el cual juró a tus padres como en este día» (Dt 8:18); «El SEÑOR empobrece y enriquece; humilla y también exalta» (1 S 2:7).

Si esto es cierto, ¿qué tenemos en realidad? La conclusión es que nadie realmente tiene nada. Es decir, ninguno de nosotros tiene la titularidad de nada, en última instancia, en la «propiedad cósmica» de las cosas. «Como salió del vientre de su madre, desnudo, así volverá [el hombre], yéndose tal como vino. Nada saca del fruto de su trabajo que pueda llevarse en la mano» (Ec 5:15). ¡No podremos llevarnos nada cuando nos vayamos de este mundo!

Hay una historia ficticia de un individuo que le dijo a su familia que su último deseo era que, cuando él muriera, lo sepultaran con todas sus posesiones. Así que, cuando este hombre murió, alguien le preguntó a su esposa cómo hizo para honrar ese deseo de su esposo. Ella respondió: «Le hice un cheque, por el valor de todo el dinero que él poseía y todo su patrimonio, y se lo puse en el ataúd para que lo cobre». Aunque esta historia resulte graciosa por lo ridículo del cheque en el ataúd, la realidad es que el afán con que muchos persiguen y acumulan el dinero y posesiones da la impresión de que mucha gente tendría la misma petición de ser sepultados con todo lo que poseen. Pero la realidad es que no nos llevamos nada de este mundo. Tal y como Job afirmó al perderlo todo, «Desnudo salí del vientre de mi madre y desnudo volveré allá. El Señor dio y el Señor quitó; bendito sea el nombre del Señor» (Job 1:21).

Sé que puede parecer que digo que el dinero o los bienes materiales simplemente no tienen valor o ninguna importancia. A lo largo de este libro verás que esto no es lo que estoy diciendo. Tampoco abogo por una mediocridad en los negocios que hacemos o en las profesiones que ejercemos. Somos llamados a tratar de hacer lo mejor que podamos con los recursos que Dios nos ha dado como profesionales y como individuos. Pero esto es muy diferente a poner nuestra fe, esperanza y búsqueda principal de la vida en lo material, creyendo que somos dueños de lo que tenemos y que tener más nos hará sentir plenos.

No somos los dueños de nada. Bíblicamente hablando, somos mayordomos. Un mayordomo es alguien que, por delegación de alguien superior, administra o supervisa propiedades, dinero, u otra cosa de valor que pueden incluso ser los hijos. Es quien opera bajo responsabilidad delegada. Mira cómo David lo dice al hablar del ser humano: «¡Sin embargo, lo has hecho un poco menor que los ángeles, y lo coronas de gloria y majestad! Tú le haces señorear sobre las obras de Tus manos; todo lo has puesto bajo sus pies...» (Sal 8:5-6).

Al referirse al ser humano, David dice, inspirado por el Espíritu Santo, que es «un poco menor que los ángeles». Tenemos menos poder que estos seres, pero hemos sido coronados con «gloria y majestad». ¿En qué sentido podemos decir esto? Podemos decirlo porque, aunque somos menores que los ángeles en categoría de creación y poder, tenemos la imagen de Dios en nosotros (Gn 1:26-28). Eso es único y glorioso en la creación. Nuestras facultades humanas son reflejo de facultades divinas. En ese sentido, hemos sido coronados de gloria y majestad.

El pasaje añade: «Tú [Dios] le haces señorear sobre las obras de Tus manos; todo lo has puesto bajo sus pies». Eso es exactamente lo que dice Génesis 1:28: «Sean fecundos y multiplíquense. Llenen la tierra y sométanla. Ejerzan dominio sobre los peces del mar, sobre las aves del cielo y sobre todo ser viviente que se mueve sobre la tierra». Dios nos dio la tierra para gobernarla. Aunque lo hemos hecho mal en muchos sentidos, aún somos los administradores de la creación, por designio de Dios, y por ello daremos cuenta ante Él. En esto consiste la *mayordomía*.

Veamos un ejemplo de mayordomía para entender de manera más práctica el concepto. En los últimos capítulos de Génesis, vemos que José, el hijo de Jacob que fue llevado a Egipto, estaba sometido como esclavo a un amo. El texto nos dice:

> Vio su amo que el SEÑOR estaba con él y que el SEÑOR hacía prosperar en su mano todo lo que él hacía. Así José halló gracia ante sus ojos y llegó a ser su siervo personal; y él lo hizo mayordomo sobre su casa y entregó en su mano todo lo que poseía (...). Así que todo lo que poseía lo dejó en mano de José, y con él allí no se preocupaba de nada, excepto del pan que comía. Y era José de gallarda figura y de hermoso parecer (Gn 39:3-4, 6).

José tenía la responsabilidad de administrar la casa y las posesiones de su amo, y controlaba los empleados que trabajaban allí. Todo estaba en manos de José y su amo no se preocupaba de nada. José era un buen mayordomo porque se encargaba correctamente de los asuntos de su amo. En nuestro caso, debemos vivir apuntando a eso. Somos mayordomos de Dios en este mundo.

¿Cuáles son las implicaciones prácticas para nosotros como mayordomos de Dios?

Lo que se espera del mayordomo

Todo esto nos lleva a preguntarnos: ¿Cómo vive alguien que entiende que somos mayordomos de lo que Dios ha puesto en nuestras manos? Hay al menos siete actitudes que se esperan del buen mayordomo.

1. Confía en la provisión de Dios

El Señor Jesús nos enseña en su sermón más célebre:

Miren las aves del cielo, que no siembran, ni siegan, ni recogen en graneros, y sin embargo, el Padre celestial las alimenta. ¿No son ustedes de mucho más valor que ellas? ¿Quién de ustedes, por ansioso que esté, puede añadir una hora al curso de su vida? Y por la ropa, ¿por qué se preocupan? Observen cómo crecen los lirios del campo; no trabajan, ni hilan. Pero les digo que ni Salomón en toda su gloria se vistió como uno de ellos. Y si Dios así viste la hierba del campo, que hoy es y mañana es echada al horno, ¿no hará Él mucho más por ustedes, hombres de poca fe?

Por tanto, no se preocupen, diciendo: "¿Qué comeremos?" o "¿qué beberemos?" o "¿con qué nos vestiremos?". Porque los gentiles buscan ansiosamente todas estas cosas; que el Padre celestial sabe que ustedes necesitan todas estas cosas (Mt 6:26-32).

El buen mayordomo, consciente de que tiene un Dios y Padre que se ocupa de él, es trabajador y esforzado, y cumple lo que le corresponde, mientras espera confiadamente en el sustento de su Padre. Confiar en la provisión de Dios no lo vuelve perezoso ni descuidado en vista de que, como buen mayordomo, quiere hacer todas las cosas para la gloria y fama de su Dios (1 Co 10:31).

Se cuenta que en el orfanato de Ashley Down en Bristol (Inglaterra), que era administrado por el misionero George Muller, se presentó la situación de que los niños, que eran unos 300, no tenían nada para comer. Cuando Muller fue informado, pidió que los niños fueran llevados al comedor y que se sentaran. Oró en gratitud a Dios y esperó. En cuestión de minutos, un panadero tocó la puerta y le dijo a Muller que la noche anterior no había podido dormir porque sintió la urgente necesidad de traer pan al orfanato.

Luego de esto, otra persona toca la puerta. Era el lechero. En su caso, su camioneta se había descompuesto «casualmente» frente al orfanato y, si no usaban la leche, se echaría a perder. Entonces, le ofreció la leche a Muller y él la recibió con una sonrisa.[6]

2. *Está contento con lo que tiene*

Se espera contentamiento del buen mayordomo porque es Dios quien asigna los recursos y lo hace con una sabiduría muy superior a la nuestra y contando con más y mejor información que la que yo poseo. Por tanto, hemos de estar contentos con lo que Él nos dé, entendiendo que la porción que nos asigna es justamente la que necesitamos para que sus propósitos se cumplan en nosotros. Él nunca se equivoca en sus cálculos.

En su carta a los filipenses, Pablo deja ver en qué consiste y cómo se manifiesta el contentamiento:

No que hable porque tenga escasez, pues he aprendido a contentarme cualquiera que sea mi situación. Sé vivir en pobreza, y sé vivir en prosperidad. En todo y por todo he aprendido el secreto tanto de estar saciado como de tener hambre, de tener abundancia como de sufrir necesidad. Todo lo puedo en Cristo que me fortalece (Fil 4:11-13).

Pablo dice que ha *aprendido* esto porque el mayordomo, en principio, no sabe cómo vivir con contentamiento. A veces, Dios tiene que someternos a una serie de circunstancias para que aprendamos a estar contentos. De hecho, la falta de contentamiento puede ser un mal tanto en el pobre como en el rico. Aun con lo mucho que tienen algunas personas, viven descontentas. Esto nos muestra, como ya hemos dicho, que el problema no es de cantidad, sino de corazón.

Más adelante profundizaremos en el tema del contentamiento. Por ahora, el punto es entender que, si somos avariciosos, no importa cuánto tengamos: viviremos descontentos. Así que te animo a preguntarte: ¿Qué tan contento te sientes con la porción que Dios te ha dado? ¿Te quejas con frecuencia de las circunstancias en las que Él te ha puesto? Recuerda que tu queja no es contra tu circunstancia, sino contra el Dios que la controla.

3. *Acepta las desdichas económicas*

Job «era el más grande de todos los hijos del oriente» (Job 3:1). Sus posesiones materiales eran abundantes. No obstante, en apenas siete versículos del primer capítulo (13-19), se nos relata que este hombre, tras una serie de «desafortunadas» circunstancias permitidas por Dios, perdió todo lo que poseía, incluyendo aquellos que le servían y hasta sus hijos.

Cuando uno de los siervos de Job que había escapado de la tragedia informó a su amo sobre su pérdida, este rasgó sus vestiduras como señal de duelo, pero al final concluyó: «Desnudo salí del vientre de mi madre y desnudo volveré allá. El SEÑOR dio y el SEÑOR quitó; bendito sea el nombre del SEÑOR» (Job 1:21). En otras palabras: «Si el que me ha dado todo quiere quitarme cosas, yo no cuestionaré nada». Esto no significa que Job no experimentó dolor cuando se enteró de su gran pérdida, pero lo que sí es claro es que le atribuyó a Dios la propiedad de todo y, por tanto, el derecho de hacer lo que hizo.

Al ver a Dios como dueño y SEÑOR, y verse a sí mismo como mayordomo, al decir, «desnudo salí del vientre de mi madre y desnudo volveré», Job pudo experimentar una quietud y aceptación que no es humanamente entendible. El mayordomo no ve las desdichas necesariamente como una desaprobación de Dios, sino como un acto soberano y con propósito de su buen Dios (Ro 8:28-29).

Se cuenta que, en una ocasión, John Wesley estaba predicando lejos de casa y alguien vino corriendo a él y le dijo: «¡Se quemó tu casa!». Wesley respondió: «No, porque yo no tengo casa. El lugar donde he estado viviendo le pertenece al Señor y, si se ha quemado, tengo una razón menos para preocuparme».

4. *El éxito ajeno no le afecta*

Si soy mayordomo, no tengo razones para cuestionar lo que el dueño hace con sus bienes y cómo da a otros. Por ejemplo, si en la empresa en la que trabajo, alguien con mi mismo cargo recibe más ingresos que yo, puedo quejarme y murmurar. No obstante, en última instancia, no puedo hacer nada porque la empresa no me pertenece. El dueño hace lo que quiere en su empresa. Es más, yo debo seguir trabajando bien, porque, si no lo hago, puedo ser despedido.

La envidia es, a fin de cuentas, un cuestionamiento a Dios: cuando envidio a otro, estoy cuestionando al dueño de los recursos que decidió darle a él más que a mí. De hecho, el Señor en el libro de los Salmos advierte varias veces a David y a los profetas sobre no envidiar la prosperidad del impío. A veces ellos veían la prosperidad de los malos y podían decir: «¿Qué es esto, Dios?». Pero Dios dice: «Yo sé lo que hago; yo soy el dueño» (ver los salmos 37 y 73, por ejemplo).

El éxito ajeno no nos afecta si entendemos que somos mayordomos. De hecho, el sentirnos mayordomos nos libera para disfrutar el éxito de otros. Si veo a alguien que le va bien, que prosperó de forma legítima, yo puedo decir: «¡Qué bueno!» y aplaudirlo. En ocasiones, Dios decide prosperar al buen trabajador. No obstante, Dios también puede permitir que prospere quien humanamente «no lo merece». Esto es parte del mundo caído en el que vivimos, y yo no tengo derecho de cuestionar lo que Dios hace con sus recursos. Somos llamados a gozarnos con los que se gozan y vivir sin envidias (Ro 12:15; 13:13).

5. El éxito propio no lo enorgullece

Supongamos que eres el mejor trabajador de una empresa: tienes más disciplina, prontitud para resolver las cosas, inteligencia y productividad. ¿De dónde habrá venido todo esto? La inteligencia no la creamos. Y podemos decir que la disciplina vino de Dios, tal vez gracias a que Él te dio padres que la promovieron en tu vida. Tal vez sucede que te va mejor que a otros porque estás mejor preparado, pero ¿de dónde viene tu preparación?

Cuando entendemos que solo somos mayordomos, somos humildes y reconocemos que todo lo que tenemos viene de Dios: «Porque ¿quién te distingue? ¿Qué tienes que no recibiste? Y si lo recibiste, ¿por qué te jactas como si no lo hubieras recibido?» (1 Co 4:7). Este es un texto que habla sobre dones espirituales, pero la verdad que enseña es aplicable a otros aspectos de la vida porque todo viene del Señor (Stg 1:17). Ningún ser humano puede alegar que se ha hecho exitoso por sí mismo. Todo el mundo tiene características, incluso no voluntarias, que lo condicionan al éxito que logra. Al final, si ves una estela de éxitos en tu vida, lo más sensato que puedes decir es: «Gracias, Señor; gracias, Señor».

Mientras más éxito y cosas tenemos, más agradecidos y humildes debemos ser porque hemos sido grandemente favorecidos. Conozco gente muy preparada, capaz y disciplinada a la que no se le han abierto puertas para el éxito y no por eso tiene menos valor que otras personas. Todo depende de la voluntad soberana del Dios a quien todo le pertenece. Por esto, el orgullo ante el éxito propio es necedad; es falta de reconocimiento de lo que me ha sido otorgado por Dios.

6. Comparte intencionalmente

No voy a ahondar mucho en este punto porque el capítulo siete está dedicado, de manera exclusiva, al tema de la generosidad. No obstante, daremos algunas ideas de a qué nos referimos cuando decimos que el mayordomo comparte intencionalmente.

En ocasiones, la gente se siente obligada a compartir. Sea por presión de grupo, porque no sabe decir que no o porque lo siente como una obligación cristiana. Además, es frecuente que la gente comparta «residualmente», es decir, de lo que le sobra. El problema es que a muy pocos les sobran recursos para compartir y, por tanto, cuando la generosidad es residual, pasa a ser casi inexistente.

Cuando alguien se ve a sí mismo como mayordomo, tiene una disposición distinta para compartir. No lo hace por presión ni obligación ni tampoco su dádiva será residual, sino que lo hará de manera intencional. Es decir, se propondrá compartir sus posesiones materiales con otro. Buscará oportunidades para hacerlo. Estará pendiente de las necesidades de los demás. Y, cuando comparta, lo hará con gozo porque sabe que con ello hace «un tesoro en los cielos que no se agota, donde no se acerca ningún ladrón ni la polilla destruye» (Lc 12:33).

7. Sabe que rendirá cuentas

Por definición, un mayordomo sabe que lo que administra no le pertenece y que, por tanto, deberá rendir cuentas de su manejo. Tal y como lo expresa Pablo: «Ahora bien, lo que se requiere de los mayordomos es que cada uno sea hallado fiel» (1 Co 4:2, RVA-2015).

Dios pedirá cuentas. El mayordomo mantiene presente la sobria verdad de que será sometido al escrutinio de Dios por el manejo que hizo de las posesiones materiales a su cargo. Para hacerlo de manera fiel, debe considerar no tanto sus deseos, sino los deseos y las intenciones del dueño, que es Dios, en el manejo de los recursos. En el capítulo seis, hablaremos más en detalle de los «deberes financieros bíblicos» que el mayordomo debe considerar a partir de la Palabra de Dios.

CONCLUSIÓN

La idea básica de este capítulo es que necesitamos entender dónde estamos en la jerarquía de autoridad sobre los recursos del universo. Nosotros no estamos en la cima; es Dios quien está allí. Él es el propietario de todo; Él nos asigna recursos para que los administremos, y Él pedirá cuentas de cómo administramos o usamos lo que Él nos dio.

Las actitudes mencionadas hasta ahora son las más importantes que un mayordomo debe tener. Al sentir y saber que soy mayordomo digo: «¿Me quitaron o perdí algo? Dios tendrá un motivo. ¿Le dieron a alguien más que a mí? Dios tiene el derecho. ¿Me llegó algo de dinero extra? Gracias, Señor. ¿Necesito algo? Provee, Señor». Esto se trata de una disposición del alma, del corazón que confía en el dueño. Es muy diferente al tipo de actitud interna que vemos en la sociedad materialista y consumista en que vivimos.

El dinero y las posesiones ejercen una presión atractiva para nosotros. Por eso necesitamos desintoxicarnos del engaño de las riquezas. El dinero quiere que lo adores, pero Dios nos llama a ir en la otra dirección. El dinero quiere que tú pienses que eres su dueño, cuando realmente Dios es el dueño. Esto nos muestra la necesidad de que Dios cambie la disposición que tenemos en el corazón hacia los recursos materiales.

3

AHORRAR ES DE SABIOS

En el capítulo anterior vimos dos principios claves para el manejo financiero bíblico, principios que son como dos columnas sobre las cuales se construye la vida financiera del cristiano.

El primero de ellos es que lo material no debe ser un fin en sí mismo. El cristiano financieramente maduro no trabaja para hacerse rico, no vive para acumular y no piensa que lo material le dará plenitud. Lo material es un instrumento para cubrir sus necesidades y cumplir los propósitos de Dios, entre ellos, mantener a nuestra familia, cumplir con nuestros deberes ciudadanos y contribuir con el avance del reino de Dios.

El segundo de ellos es la idea de que, en realidad, no somos los dueños de los recursos que manejamos. En cambio, somos mayordomos. Dios es el dueño de todo y Él nos concede o retira posesiones materiales según su sabia y amorosa voluntad. Reconocer esto nos ayuda a manejarnos mejor cuando ocurren situaciones económicas desafortunadas y también cuando nos va bien. Nos lleva a vivir en humildad ante nuestro Señor, sabiendo que daremos cuenta de nuestro manejo financiero.

Estos son los dos principios más fundamentales que encontramos en la Palabra, pero no son los únicos. En este capítulo, estudiaremos el tema del ahorro.

TRES TIPOS DE PERSONAS

La Biblia atribuye sabiduría al que ahorra. En cuanto a su nivel de ahorro, la Biblia indica que hay tres tipos de personas, presentadas en la siguiente gráfica:

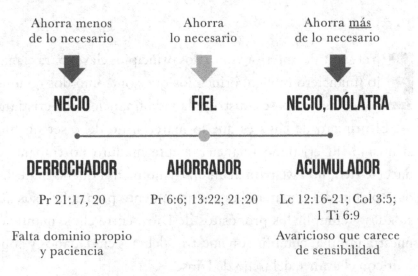

Ahorra menos de lo necesario	Ahorra lo necesario	Ahorra *más* de lo necesario
↓	↓	↓
NECIO	**FIEL**	**NECIO, IDÓLATRA**
DERROCHADOR	**AHORRADOR**	**ACUMULADOR**
Pr 21:17, 20	Pr 6:6; 13:22; 21:20	Lc 12:16-21; Col 3:5; 1 Ti 6:9
Falta dominio propio y paciencia		Avaricioso que carece de sensibilidad

El primero de ellos, en el extremo izquierdo de la gráfica, es el que ahorra menos de lo necesario. Este es el *derrochador*. La Biblia lo cataloga como una persona que gasta o disipa con facilidad y ligereza los recursos que recibe. Gasta todo lo que le entra y no piensa en el futuro. Mientras más gana, más gasta. La Palabra lo llama necio, que es un término que alude a la persona «simple, superficial, estúpida».

En el otro extremo, está el que ahorra más de lo necesario. A ese la Biblia también lo llama necio, pero le agrega el «apellido» de *idólatra*. Este segundo tipo de persona es el *acumulador* de recursos. Acumula porque entiende que la vida está en los bienes que posee y porque pone en ellos su confianza.

El tercer tipo de persona es la que, usando la sabiduría, ahorra lo necesario según los criterios bíblicos. Es un *ahorrador* y considerado sabio. Este es el individuo dirigido por el consejo de Dios.

Miremos más de cerca estos tres tipos de personas.

1. El derrochador: ahorra menos de lo necesario

> El que ama el placer será pobre; el que ama el vino y los ungüentos no se enriquecerá... Tesoro precioso y aceite hay en la casa del sabio, pero el necio todo lo disipa (Pr 21:17, 20).

Este texto me hacer recordar a un comerciante que conocí. Durante las fiestas de fin de año, esta persona había participado en la compra y venta de fuegos artificiales, y le fue muy bien. Cuando le pregunté qué haría con el dinero que ganó, hizo un gesto con las manos de lanzarlo sobre su cabeza y me dijo: «Me lo voy a tirar arriba». En otras palabras, «voy a gozarlo». Ese es el pensamiento del hombre derrochador.

Según el versículo del encabezado, el problema de la persona derrochadora es su *amor* por el placer. Ha desarrollado un afecto emocional por «la buena vida», representada por el vino y los ungüentos, que lo conduce a una dejadez en su disciplina financiera. Por lo visto, su *amor* por las comodidades de esta vida lo conduce por el camino de exceso de gastos y no lo dispone a hacer los sacrificios necesarios para generar recursos.

Es similar a lo que dijo Pablo y que ya hemos venido estudiando con respecto al dinero: «la raíz de todos los males es el amor al dinero» (1 Ti 6:10). Para Pablo, inspirado por el Espíritu Santo, cuando una persona adquiere este tipo de «devoción» por lo material, sus normas morales pasan a un segundo plano y, en esta condición, se puede esperar «todo tipo de males».

La persona derrochadora se deja gobernar por su amor al placer. Es seducida por los deleites materiales. Estos no necesariamente son placeres pecaminosos, pero el exceso de afecto por ellos conduce a una vida de indisciplina financiera.

Es evidente que el patrón derrochador se produce cuando el dominio propio es escaso o inexistente. Podemos decir que esta condición es como el «lubricante» del derroche, pues lo facilita. El que derrocha sus recursos no sabe controlarse a sí mismo y no logra mantenerse dentro del nivel de vida que Dios le ha concedido. Con su estilo indisciplinado de gastar recursos, desafía a Dios, quien es el dador de todo. Como nota al margen a este punto, en mi experiencia como consejero he notado que en los matrimonios el hombre tiende a desarrollar un estilo derrochador con más frecuencia que la mujer. Sería interesante profundizar en las razones de esto, pero eso estaría más allá del propósito de esta sección.

Asimismo, si bien es cierto que el «lubricante» del derroche es la falta de dominio propio, como ya vimos, el «combustible» del derroche es el descontento, pues lo estimula y lo «enciende». El derrochador está constantemente deseando más cosas, cosas mejores, más nuevas y vistosas, más finas, porque las que tiene no lo satisfacen. Es un deseo que va más allá de la legítima aspiración a mejorar el nivel de vida.

Ese descontento es una especie de murmuración interna que produce un estado de amargura constante. En estas condiciones, el derrochador suele estar irritado porque no está contento con lo que tiene. Este descontento en realidad es un descontento con Dios, quien controla todo.

Por último, algunos derrochan porque con frecuencia se comparan con los demás y, al ver que están «por debajo», se sienten inseguros y presionados a un nivel de vida que no se corresponde con los medios que ellos disponen. Tristemente, en la generación en la que nos ha tocado vivir, muchos definen el valor de una persona en función del nivel de recursos materiales que esta tiene. Eso, sencillamente, es una mentira que a veces creemos.

Recuerdo que, en una ocasión, antes de ser pastor a tiempo completo, en mi labor de consultor privado, tuve que asistir a una reunión. Las demás personas llegaron al mismo tiempo que yo, y mi carro era el más sencillo de todos. Así que, después de estacionar, miré a ambos lados, esperé a que todos se bajaran de sus carros y me aseguré de que todos entraran al lugar antes de bajar de mi carro. Cuando todos ya estaban en el edificio para la reunión, entré. Me avergoncé de mi auto. Junto con la vergüenza, en mi mente empecé a justificar la necesidad de cambiar mi carro por uno más nuevo sobre la base de mi ambiente de trabajo y la gente con la que me relacionaba. ¡Me estaba vendiendo a mí mismo un carro!

Como ves, las razones por las que alguien derrocha no son problemas financieros: son problemas de carácter. Problemas en cómo la persona aborda la vida y se acomoda a los recursos a su alcance.

Esto significa que no hay que ser un profesional de finanzas para ser ordenado financieramente, sino tener un carácter controlado y gozoso en Dios.

Por todo lo dicho hasta ahora podríamos preguntar, ¿implica que la Biblia condena el placer? ¿Está en contra del disfrute legítimo de ciertas cosas en la vida? Algunos podrían concluir que sí, pero esa sería una conclusión errada. El pasaje es una advertencia sobre las secuelas en la vida de aquellos que *aman* el placer. Dios creó todo tipo de placer y, siempre y cuando lo disfrutemos según lo establecido por Dios, será bueno.

2. *El acumulador: ahorra más de lo necesario*

Veamos una vez más y con más detalle la enseñanza de Jesús que encontramos en el evangelio de Lucas:

También les dijo: «Estén atentos y cuídense de toda forma de avaricia; porque *aun* cuando alguien tenga abundancia, su vida no consiste en sus bienes».

Entonces les contó una parábola: «La tierra de cierto hombre rico había producido mucho. Y él pensaba dentro de sí: "¿Qué haré, ya que no tengo dónde almacenar mis cosechas?". Entonces dijo: "Esto haré: derribaré mis graneros y edificaré otros más grandes, y allí almacenaré todo mi grano y mis bienes. Y diré a mi alma: alma, tienes muchos bienes depositados para muchos años; descansa, come, bebe, diviértete". Pero Dios le dijo: "¡Necio! Esta *misma* noche te reclaman el alma; y *ahora*, ¿para quién será lo que has provisto?". Así es el que acumula tesoro para sí, y no es rico para con Dios» (Lc 12:15-21).

En la historia, Jesús presenta un personaje que, habiendo tenido una excelente temporada en su negocio agrícola, se habla a sí mismo sobre cómo manejará sus excedentes. Hay varios aspectos de la historia que llaman la atención.

Por un lado, no hay ninguna expresión de gratitud a Dios por la cosecha lograda. Si hay una actividad económica en la que debería atribuirse a Dios el haber tenido una buena temporada, es la agrícola. Ciertamente la agricultura requiere pericia y experiencia de parte del agricultor, pero una vez terminó su labor, ahora depende completamente de factores que él no controla. La temperatura, el viento, la lluvia, son solo algunos de los aspectos que serán determinantes en el resultado. A pesar de esto, el agricultor de la parábola se muestra ingrato hacia Dios y no le atribuye la bendición de su cosecha. La razón de esta ingratitud puede ser deducida del enfoque autosuficiente y egoísta de su autodiálogo. Cuando se habla a sí mismo, se dice: «mis cosechas», «mis graneros», «mi grano y mis bienes». Este hombre se sentía dueño y no mayordomo. De ahí que no agradezca a Dios. Eso es parte del problema en el corazón del acumulador: no se ve a sí mismo como receptor de favor de parte de Dios.

Por otro lado, no hay mención de nadie más que no sea él mismo, en la consideración de qué hacer con sus posesiones. Su familia no es mencionada; sus conciudadanos tampoco. Hubiese sido lógico esperar que alguien que logre en una cosecha «bienes depositados para muchos años», dijera que lo disfrutará junto a su familia o que compartirá una parte con los necesitados. Pero el corazón egoísta de este «acumulador» se pone de manifiesto cuando se ve como el único beneficiario de sus cosechas y le dice a su alma «descansa, come, bebe, diviértete». En vista de que se considera dueño, se ve a sí mismo como el único beneficiario de sus bienes.

El mundo consideraría a este hombre como «exitoso», pero Dios lo considera un «necio». Este término en griego es *aphron* y alude a «una persona que rechaza el conocimiento y los preceptos de Dios como base para la vida».[7] Su actitud ingrata, egoísta y materialista, es opuesta a la vida que Dios espera de sus mayordomos.

La necedad del acumulador la vemos no solo en su actitud egoísta en el manejo de «sus» recursos, sino también en la insensatez de vivir la vida como si no hubiese eternidad. De ahí la pregunta de Dios al final de la historia: «Esta misma noche te reclaman el alma; y ahora, ¿para quién será lo que has provisto?».

Además, la acumulación resulta en idolatría porque trata las posesiones materiales como la fuente de nuestra seguridad, esperanza y plenitud. El agricultor en la historia le dice a su alma «descansa, come, bebe, diviértete». Cabe la pregunta: ¿Puede lo material producir descanso del alma humana? ¡Claro que no! ¡Allí radica su idolatría! Esa es la actitud con las que muchos vivimos cuando pensamos que, si tuviésemos más, podríamos tener ese descanso del alma que tanto anhelamos pero que solo el Dios verdadero produce.

Qué importante sería que tuviésemos presentes las lecciones de esta parábola al exponernos a las compras en línea y al bombardeo constante de la publicidad para que compremos más cosas. Que pensemos en este agricultor cuando nos sintamos tentados a calmar nuestras almas con posesiones materiales. Tengamos presente la necedad de la acumulación al criar a nuestros hijos, para no transmitirles, a veces sin darnos cuenta, que la vida consiste en los bienes que poseemos. Recordemos que todas estas inclinaciones materialistas de nuestros corazones se mueven de una manera sutil.

Para Dios, el hombre exitoso es distinto a quien el mundo considera exitoso. Nuestra generación considera que alguien tiene éxito cuando es próspero materialmente, cuenta con reconocimiento social o profesional, y exhibe algún grado de fama.

Pero Dios dice: *«¡Cuán bienaventurado es el hombre que no anda en el consejo de los impíos, ni se detiene en el camino de los pecadores, ni se sienta en la silla de los escarnecedores, sino que en la ley del* Señor *está su deleite, y en Su ley medita de día y de noche!»* (Sal 1:1-2). Ese es el hombre al que Dios llama dichoso o exitoso. El dinero y las posesiones no son mencionados. Tampoco la fama o el reconocimiento social. El éxito según la Biblia no está en los bienes ni en lo que este mundo considera deseable. Todo eso es algo secundario.

PREGUNTAS DE EVALUACIÓN

Antes de ver más de cerca al tercer tipo de persona, el ahorrador, vale la pena evaluarnos y ver si somos acumuladores. Estas son algunas preguntas útiles para comenzar:

¿Piensas que «la vida está en los bienes»?

Si tuvieras más dinero o posesiones, ¿crees que serías más feliz o que te sentirías pleno? Este es un pensamiento engañoso que a veces tiene la gente. El que vive en el mundo de los «si tan solo tuviera más (dinero, un mejor trabajo, una casa más grande, etc.)» es alguien descontento y piensa que «la vida está en los bienes». A menudo piensa que «eso» que le falta va a cambiar cómo se siente en su corazón, pero la verdad es que solo Dios puede obrar un cambio en lo profundo de nosotros y satisfacernos. Es posible no tener nada, pero tener a Dios como máximo tesoro y sentirnos plenos.

¿Estás dispuesto a violar normas o dañar relaciones por dinero?

Aunque la idea de que el amor al dinero nos puede conducir a pecar fue tratada en un capítulo anterior, quiero de nuevo traerla a nuestra consideración en este nuevo contexto en donde vemos si tengo o no una tendencia a la acumulación avariciosa. En este sentido, ¿serías capaz de incumplir una norma de la empresa en que trabajas, del gobierno o algún tipo de disposición para conseguir más dinero? ¿Has hecho algo así? ¿Has dañado alguna relación con tu prójimo con tal de tener más bienes? Es típico en nuestra generación que la gente dé sobornos a empresas o mienta acerca de la calidad o las garantías de los productos que vende. Todo esto revela una actitud oportunista, más interesada en el dinero que en la verdad y la integridad. Cuando estas cosas están presentes en mí, hay indicios de idolatría a lo material y es de esperar que tenga tendencias a la acumulación material porque pienso que los bienes me darán plenitud.

¿Hay en ti una generosidad desinteresada?

Jesús enseñó: «Cuando ofrezcas una comida o una cena, no llames a tus amigos, ni a tus hermanos, ni a tus parientes, ni a tus vecinos ricos, no sea que ellos a su vez también te conviden y tengas ya tu recompensa. Antes bien, cuando ofrezcas un banquete, llama a pobres, mancos, cojos, ciegos, y serás bienaventurado, ya que ellos no tienen para recompensarte; pues tú serás recompensado en la resurrección de los justos» (Lc 14:12-14).

En otras palabras, el Señor nos llama a una generosidad *desinteresada,* invitando a quienes no pueden invitarnos a nosotros y haciendo favores a quienes no podrán devolverlos. Esto refleja la generosidad de Dios: Él no nos da cosas esperando algo a cambio.

Dios no necesita nada de nosotros. Él incluso hace salir el sol y hace llover sobre buenos y malos (Mt 5:45).

Cuando haces dinero, ¿lo haces para ti?

En otras palabras, ¿es tu mentalidad de manjares para ti y migajas para los demás? He podido notar esta tendencia en el corazón humano. Por ejemplo, las personas de buen pasar económico o de buena posición, por lo general, son muy abundantes y bondadosas con ellas mismas, con sus familiares o con los que son cercanos a ellos. Les pasa como al agricultor acumulador de la parábola: cuando sus posesiones abundan, piensan en ellos, ellos y ellos. Pocas veces se piensa en ser generoso con otros cuando se ha recibido mucho.

Abundan los ejemplos de esta actitud egoísta y acumuladora. A veces, las empresas prosperan y ganan mucho dinero, pero sus pequeños aumentos salariales a su personal no se corresponden con dicha prosperidad y resultan odiosos a aquellos que los reciben. En ocasiones, se disfruta de una cena en un buen restaurante y, a la hora de dar propina, se «cuentan los centavos». Parece que el lema de nuestra generación es «si es para mí, todo se puede». ¿No revela esto un corazón acumulador?

¿QUÉ PIENSA DE TI LA PERSONA QUE HACE NEGOCIOS CONTIGO?

Podría dar un ejemplo tras otro de muchos errores y pecados que he cometido en mi manejo financiero. Gracias doy por Jesús que murió y pagó por mis pecados en la cruz. En el pasado, cuando hacía algún tipo de transacción económica con alguien, mi objetivo era lograr el mejor acuerdo posible «para mí». Con el tiempo, me di cuenta de que mi objetivo era incorrecto. Debía procurar más bien que el acuerdo fuese justo para ambas partes, aunque no lograra lo mejor para mí. Dios ha de ser glorificado en nuestras vidas sea que comamos, bebamos o hagamos cualquier otra cosa (1 Co 10:31).

Pensando en esto, hace años decidí actuar de tal manera que, cuando la gente haga algún negocio conmigo, se lleve la impresión de que fue tratada de manera justa. Quiero comprar un auto, un terreno, una vivienda de la manera en que Jesús lo haría. Que cuando contrate a alguien para que me haga un trabajo de plomería, electricidad, limpieza o que trabaje para mí de manera regular, esa persona sienta que mi interés no fue aprovecharme de ella, sino, por el contrario, que fui generoso, y que incluso tenga el deseo de hacer negocios conmigo de nuevo. ¿No sería esa una aplicación de la enseñanza de Jesús? «Así brille la luz de ustedes delante de los hombres, para que vean sus buenas acciones y glorifiquen a su Padre que está en los cielos» (Mt 5:16).

3. El ahorrador: ahorra lo necesario

El tercer tipo de persona según su nivel de ahorro es el *ahorrador*. Este es el que no lo gasta todo, pero tampoco hace de la acumulación su objetivo de vida. Vive con un balance correcto y el Señor está contento con este administrador. Recordemos el proverbio: «Tesoro precioso y aceite hay en la casa del sabio, pero el necio todo lo disipa» (Pr 21:20). Hay sabiduría, lo contrario a la necedad, en el ahorro.

En Génesis leemos una historia clásica que seguramente conoces sobre el ahorro. José interpretó un sueño del faraón egipcio, quien soñó con siete vacas gordas y siete vacas flacas saliendo del río Nilo; estas representaban siente años buenos y siete años malos. En vista de que José fue el único que pudo interpretar el sueño porque Dios se lo reveló, el faraón lo colocó como primer ministro de Egipto para que precisamente ejecutara el plan que haría posible la preservación del pueblo en el período de vacas flacas (Gn 41).

Hay que aclarar que el propósito de esta historia en la Biblia no es enseñarnos una lección financiera. En realidad, Dios orquestó todo esto para preservar a su pueblo Israel al traerlos hacia Egipto (Gn 50:20). No obstante, hay algunos aspectos de la historia que resultan útiles para los propósitos de este libro y los analizaremos en los próximos párrafos.

Luego de haber recibido la información de que vendrían siete años de escasez, o de «vacas flacas», lo lógico o, mejor dicho, lo sabio era que se anticiparan para hacerle frente y eso fue lo que hicieron. Durante los años de abundancia previos a los de escasez, ellos ahorraron lo suficiente para cuando llegaran aquellos años difíciles.

La sabiduría financiera detrás de la historia es obvia. Por un lado, los años de «vacas gordas» no duran para siempre. Es insensato pensar que la abundancia de la que disfrutamos en un momento dado perdurará en el tiempo. Eso es muy poco probable que ocurra en este mundo caído, cambiante y disfuncional. Por otro lado, justamente por lo dicho anteriormente, se supone que es en los buenos momentos financieros que debemos llevar a cabo esfuerzos para reservar recursos para los años no tan buenos o malos.

Lamentablemente, muchos ignoran u olvidan que los tiempos de vacas gordas no duran para siempre. En lugar de ahorrar mientras pueden, la avaricia los conduce a gastar todo lo que reciben. Es entonces cuando vienen los tiempos de vacas flacas y allí es donde recuerdan que hay que ahorrar, pero no tienen para hacerlo y se encuentran entonces en un difícil momento de tensión e incertidumbre. Es frecuente ver personas jóvenes que están en su mejor momento productivo y que viven como si no fueran a enfrentar la vejez, etapa en la que no tendrán los ingresos que tienen ahora. De la misma forma, he visto padres con hijos pequeños que pocas veces piensan que llegará un día en que tendrán que pagar estudios universitarios a sus hijos y no ahorran para ello.

¿Por qué ahorrar es de sabios?

Para entender mejor por qué la Biblia habla tan bien del ahorro, consideremos más de cerca las siguientes dos razones:

1. Por las necesidades futuras inciertas

Solo Dios conoce el futuro. Por lo tanto, derrochar recursos es suponer que todo nos saldrá bien, como quisiéramos, y esa es una muestra de arrogancia. Santiago enseña:

> Oigan ahora, ustedes que dicen: «Hoy o mañana iremos a tal o cual ciudad y pasaremos allá un año, haremos negocio y tendremos ganancia». Sin embargo, ustedes no saben cómo será su vida mañana. Solo son un vapor que aparece por un poco de tiempo y luego se desvanece.
>
> Más bien, debieran decir: Si el Señor quiere, viviremos y haremos esto o aquello. Pero ahora se jactan en su arrogancia. Toda jactancia semejante es mala (Stg 4:13-16).

Muchos de nosotros obviamos la incertidumbre del futuro. Por eso vivimos en el límite de nuestros recursos. Cuando llegan las situaciones difíciles, no tenemos cómo responder a ellas porque no hemos ahorrado para afrontarlas. De hecho, muchos de los problemas financieros que manejo en consejería no se deben a que las personas no tengan empleos o no generen ingresos, sino a que ocurrieron imprevistos que no anticiparon.

Es importante vivir con una parte de nuestros ingresos que nos permita tener un margen de ahorro y de esta manera enfrentar las circunstancias difíciles cuando vengan. En cierto sentido, los imprevistos no son imprevistos si los prevemos. Debemos saber que pasarán cosas inesperadas y así prever los imprevistos. Entendido así, el ahorro es por tanto un acto de humildad porque declara que no conozco el futuro.

Algunos me preguntan qué porcentaje deberían ahorrar. En realidad, no hay un porcentaje «ideal», sino el principio de «tanto como se pueda», luego de cubrir necesidades, cumplir mis compromisos y vivir una vida de generosidad intencional. Pero, si tengo que decir un número, diría que el ahorro *mínimo* debería ser un diez por ciento del ingreso mensual de la familia. Y debe ser colocado no de manera *residual*, sino *intencional*. Es decir, ese será mi ahorro no solo en caso de que tenga un excedente al final de mis gastos. Lo apartaré con intención en mi presupuesto, aunque tenga que abstenerme de otros gastos.

2. Por las necesidades futuras ciertas

Además de que el futuro depara necesidades que no conocemos (inciertas), también sabemos que vendrán necesidades *ciertas*. Son necesidades futuras que podemos prever o anticipar. Por ejemplo, mi hijo mayor está en su preadolescencia. Eso implica que tendré que pagar sus estudios universitarios y ese gasto requerirá recursos adicionales. También debo considerar que mis padres están entrando en una etapa en la que los gastos médicos aumentan.

Debo también anticipar que esto requerirá recursos. Aunque no es cómodo reconocerlo, yo mismo quizás no tenga en el futuro las mismas oportunidades que tuve para producir recursos y, por tanto, deberé contar con dinero para mi sustento.

Todo lo anterior es prácticamente seguro que ocurra. Tendré necesidades futuras que no tengo ahora y tengo que prepararme. La sabiduría me indica que eso es lo que debo hacer. No hacerlo sería necio e insensato de mi parte.

Es interesante y algo «humillante» que Dios use las hormigas para darnos una lección de sabiduría financiera cuando dice: «Ve, mira la hormiga, perezoso, observa sus caminos, y sé sabio. La cual, sin tener jefe, ni oficial ni señor, prepara en el verano su alimento y recoge en la cosecha su sustento» (Pr 6:6-8). La hormiga conoce que en invierno no tendrá cosecha y, por eso, en el verano se prepara para la llegada de esa temporada. Esto nos apunta a la sabiduría de Dios y nos muestra la sabiduría que necesitamos para conducirnos correctamente.

EL SECRETO DEL AHORRO

Entonces, ¿cómo ahorramos? ¿Cuál es el secreto del ahorro? Cuando enseño a mi iglesia sobre esto, les suelo decir irónicamente que el secreto para ahorrar es quizás lo más complejo que vamos a estudiar porque requiere de «una fórmula matemática compleja». El secreto del ahorro es el siguiente: *que tus gastos sean menores que tus ingresos*. Debes proponerte gastar menos de lo que ganas. Ese es el «secreto», y yo diría «secreto a voces», para ahorrar.

¿Cómo podemos llevar esto a la práctica? En primer lugar, *haz un presupuesto correcto*. Si no sabes con precisión cuánto ganas y cuánto gastas, te será difícil, si no imposible, ahorrar. Curiosamente, he visto a muchas personas que no saben cuánto exactamente ingresa en sus cuentas. Hablo de asalariados, es decir, personas que tienen un salario fijo, pero desconocen exactamente cuánto les descuentan por seguridad social, impuestos, el último préstamo en la empresa, etc. En consejería, he tenido a personas que no saben decirme cuánto reciben mensualmente. Cuando veo esto, inmediatamente concluyo que ellos nunca han hecho un presupuesto preciso de ingresos y gastos. En el caso de los que tienen un negocio propio, es común ver que lo manejan como una «caja chica»: no hay un salario asignado; se manejan según sus necesidades, sin orden en los ingresos y los gastos.

Si desconocemos nuestro ingresos y gastos, ¿cómo podremos ahorrar? Es por eso que una de las cosas que pido a todo el que pasa por consejería financiera conmigo es que haga un presupuesto. En mi experiencia, en el 100% de los presupuestos que llegan a mis manos, encuentro que los gastos están subvaluados en un 25% a 30%. Hay una falta de precisión, usualmente en las estimaciones de gastos.

He notado que el principal motivo de tal imprecisión es que mucha gente suele ver como gasto solo lo que llega por factura o los gastos que son periódicos o mensuales. Todo lo que es ocasional es dejado fuera y, por ende, produce una subestimación de gastos. Entre los ejemplos más comunes encontramos el mantenimiento de auto, la compra de neumáticos, ropa para la familia, seguros, regalos a conocidos por fechas especiales, mantenimiento de equipos de la vivienda, vacaciones, etc. Lo correcto sería estimar cuánto gastamos ocasionalmente en estas partidas por año, dividir el monto por doce meses e incorporarlo al presupuesto de gastos mensual.

Los malos presupuestos conducen a que las personas no sepan cómo el dinero se les va de las manos. Por tanto, se les hace difícil planificar que sus ingresos sean mayores que sus gastos. Pensando en todo esto, en el segundo apéndice de este libro, comparto una breve guía para armar un presupuesto familiar junto a un modelo que pueda servirte.

A modo de paréntesis, quisiera añadir a esto que, si estamos casados, nuestro presupuesto debe ser armado en conjunto con nuestro cónyuge. Si somos una sola carne en el matrimonio (Gn 2:24), no deberíamos tener presupuestos separados. Una sola carne con cuentas separadas contradice el ideal bíblico para el matrimonio. Le estamos diciendo a Dios: «Soy una sola carne con ella, pero mi cuenta y mi dinero no los mezclo con los de ella». Esto erosiona la relación matrimonial y ofende al Señor en vista de que para Dios «ya no son dos, sino una sola carne» (Mt 19:6).

En segundo lugar, como ya lo he mencionado, quisiera insistir en que, si quieres ahorrar, hazlo *intencionalmente, no residualmente*. En otras palabras, que tu plan no sea ahorrar de lo que te sobre al final del mes. Si decides hacerlo así, entonces casi nunca ahorrarás, porque usualmente no te sobrará nada. En cambio, sé más organizado. Coloca el ahorro como una decisión familiar en la parte de arriba del presupuesto. Considera cuánto puedes ahorrar cada mes y comprométete a eso, incluso si implica no salir a comer fuera del hogar varias veces a la semana, ir con menos frecuencia al cine, cambiar el plan telefónico, etc.

En tercer lugar, *compra bíblicamente* (es decir, no gastes por encima de tu nivel de vida, buscando tu gozo en las posesiones) *y evita los intereses*. Cada vez que financias algo, es decir, cuando lo compras a plazo, hay una porción del pago que son intereses. Estás pagando más por consumir lo que quieres. En pocas palabras, mi consejo es que no compres a plazo y con intereses lo que no es necesario. Huye de los intereses todo lo que puedas. Ellos comen tus ingresos. En especial, cuando son de tarjetas de crédito, pueden llegar a ser muy elevados anualmente. En el capítulo 5 hablaremos más en detalle tanto de lo que implica comprar bíblicamente, como de evitar los intereses.

En cuarto y último lugar, *contrólate de por vida*. Todo lo que has aprendido hasta ahora, aplícalo constantemente para que puedas llegar al final de tu vida aquí en la tierra con tranquilidad en el ámbito financiero, habiendo sido fiel a Dios, que es dueño de todo lo que posees.

CONCLUSIÓN

Todo esto nos lleva nuevamente al tema del carácter del creyente. El ahorro sistemático, más que un sobrante financiero, es el resultado de una combinación de virtudes en el carácter del que ahorra.

En otras palabras, el creyente que ahorra de manera regular una parte de sus recursos puede hacerlo porque cuenta con la disciplina, el orden y los valores que lo hacen manejar sus recursos de una manera que agrada al Dios, dueño de sus recursos. Es cierto que muchas dificultades económicas se deben a cosas que están fuera de nuestro control y que incluso hay casos difíciles que aun el mejor de los planes de ahorro no podría aliviar. Pero, como ya hemos mencionado, la mayoría de los desórdenes financieros son producidos por un desorden en las vidas de las personas que son producto de ciertas debilidades del carácter.

4

CONTENTAMIENTO: LA CURA DEL DÉFICIT

Una vez más, en su libro *El hombre light*, el autor secular Enrique Rojas ofrece un diagnóstico de nuestra generación que sirve de introducción a lo que queremos comunicar en este capítulo.

Las dos notas más peculiares son -desde mi punto de vista- el hedonismo y la permisividad, ambas enhebradas por el materialismo. Esto hace que las aspiraciones más profundas del hombre vayan siendo gradualmente materiales... hedonismo significa que la ley máxima de comportamiento es el placer por encima de todo, cueste lo que cueste, así como ir alcanzando progresivamente cotas más altas de bienestar. Además, su código es la permisividad, la búsqueda ávida del placer y el refinamiento, sin ningún otro planteamiento... del hedonismo surge un vector que pide paso con fuerza: el consumismo. Todo puede escogerse a placer; comprar, gastar y poseer se vive como una nueva experiencia de libertad. El ideal de consumo de la sociedad capitalista no tiene otro horizonte que la multiplicación o la continua sustitución de objetos por otros cada vez mejores.[8]

Esto coincide con que vivimos en una «sociedad de consumo», es decir, orientada a consumir cada vez más cosas. De hecho, la medición de calidad de vida con frecuencia se asocia a los niveles de consumo de bienes y servicios que un país demanda.*

Como un indicador de la sociedad de consumo en la que vivimos, veamos, por ejemplo, los niveles de deuda en los Estados Unidos.** Nos interesan estos niveles porque nos muestran, en una determinada economía, cuánto se consume por encima del nivel de ingreso. Cuando una persona o un país consume más de lo que le ingresa, se endeuda para cubrir la diferencia. En otras palabras, la deuda no es más que la forma de cubrir un déficit.

En el año 2019, la deuda de los consumidores privados fue de unos USD 13,9 trillones. Por otro lado, la deuda pública, o sea,

---

* No obstante, hay que reconocer que en la última década ha habido un esfuerzo por medir la calidad de vida no tanto de manera cuantitativa, es decir, por el bienestar material, sino tomando en consideración elementos cualitativos como son: salud, vida familiar, estabilidad política y seguridad ciudadana, seguridad de empleo, libertad política, etc. Para más detalle, ver «Quality of life index» *The Economist*.
** Comparto datos de los Estados Unidos porque se trata del país con estadísticas más completas y precisas acerca de su realidad socioeconómica.

del gobierno, fue de USD 23,4 trillones a principios del 2020.[9] Si sumamos ambas deudas, tenemos que la deuda total del pueblo norteamericano asciende a USD 37,4 trillones, lo que equivale a un 180% de su producto interno bruto del 2019.* Es decir que ellos deben casi el doble de todo lo que produjo su economía en el 2019. Si sacamos la deuda promedio de cada ciudadano estadounidense, ¡llegamos a que cada uno «debe» unos USD 113.522 al nacer!

Aunque esto parece escandalizar a muy pocos, lo cierto es que estos niveles de deuda representan un gran peso para la economía de cualquier país y sobre todo para las generaciones futuras. Esta realidad es algo menos dramática para el resto del mundo, pero, en general, los niveles de endeudamiento de la mayoría de los países han ido en aumento en las últimas dos décadas. La razón básica es que vivimos en una «sociedad de consumo».

En el siguiente capítulo hablaremos más al respecto. Por ahora, es crucial entender que endeudarse hoy es comprometer los ingresos futuros. Es un intercambio de ingreso futuro por consumo presente. Esto es lo que se conoce como financiamiento, y es arriesgado porque nosotros no controlamos el futuro y ni siquiera el presente, como a veces suponemos.

¿De dónde viene, entonces, esta cultura imperante de déficit? ¿Por qué hoy la gente se siente cómoda debiendo dinero y, con frecuencia, en grandes cantidades? Es común ver a gente «tranquila» a pesar de que debe prácticamente todo lo que tiene. Debe la vivienda, los autos, el mobiliario, las vacaciones y, en ocasiones, hasta el año escolar de los hijos. Para muchos es natural vivir de esta manera. ¿Cuál es la raíz de esta actitud?

••• PIB de Estados Unidos sería de USD 21,4 trillones para 2019. Fuente: https://countryeconomy. com/gdp/usa

LA RAÍZ DE LA CULTURA DEL DÉFICIT

Como ya lo he venido mencionando en reiteradas oportunidades, soy de la opinión de que la cultura de déficit o deuda que predomina en nuestros días se genera a partir de la idea materialista y avariciosa sobre la que Jesús advirtió, cuando dijo: «su vida no consiste en sus bienes» (Lc 12:15). Cuando una persona cree lo contrario, hará lo que sea para conseguir aquellos bienes que supone van a darle plenitud, valor, disfrute y vida. En la perspectiva materialista de la vida, siempre «más es mejor».

Sucede entonces que, cuando la gente cree que «más es mejor», se siente descontenta con su situación actual, sea cual sea. La mayoría cree que ese descontento será resuelto al adquirir cosas. Como ya dijimos, aunque para adquirir algo haga falta endeudarse, no se duda en hacerlo.

En este contexto, hay dos realidades que agravan la situación descrita. Por un lado, el negocio de la banca presenta la deuda como algo bueno. Los bancos suelen referirse al financiamiento con apodos atractivos, como «facilidad financiera» u «oportunidad de crédito». El problema es que, cuando el endeudamiento se entiende de forma ligera y frívola, se puede caer en un uso excesivo de estas «facilidades». En vista de que es tan fácil adquirir un préstamo, las disciplinas financieras son con frecuencia ignoradas.

Por otro lado, la publicidad atiza el deseo por cosas materiales y exacerba el descontento imperante. Desde muy temprano en la vida, nuestra generación ha sido expuesta al «bombardeo publicitario». Son miles y miles los mensajes que una persona ha recibido sin siquiera haber llegado a la adolescencia.

Es así como se forman individuos que son materialistas, insatisfechos, propensos a endeudarse con facilidad y llenos de deseos cultivados por años de exposición a publicidades. En un hogar sano, estas cosas no terminan definiendo a nuestros hijos, pero es muy difícil resistirlas. Tristemente, hoy en día, en muchos hogares los padres están ausentes, sea física o emocionalmente. Ante dicha ausencia, los padres se sienten culpables y optan por «compensar» su descuido con cosas materiales y se convierten así en parte del problema.

LA CURA NECESARIA

¿Cómo podemos, entonces, combatir el materialismo y el descontento que genera déficit y finalmente deuda? El apóstol Pablo nos muestra el secreto de esto en su carta a los Filipenses:

> Me alegré grandemente en el Señor de que ya al fin han reavivado su cuidado para conmigo. En verdad, antes se preocupaban, pero les faltaba la oportunidad. No que hable porque tenga escasez, pues he aprendido a contentarme cualquiera que sea mi situación.
>
> Sé vivir en pobreza, y sé vivir en prosperidad. En todo y por todo he aprendido el secreto tanto de estar saciado como de tener hambre, de tener abundancia como de sufrir necesidad. Todo lo puedo en Cristo que me fortalece (Fil 4:10-13).

Sabemos que Pablo escribió esta carta desde su encarcelamiento en Roma. A pesar de sus difíciles circunstancias, esta carta es conocida como la carta del gozo. No solo porque Pablo la escribió en gratitud a una ofrenda recibida de parte de los filipenses (Fil 4:10-18), sino también porque, en más de doce ocasiones, Pablo hace mención de las palabras «gozo» o «regocijo».[10]

Este pasaje muestra de manera clara que es posible estar contento en toda situación. Pablo no es un ángel ni es Cristo. Él es un ser humano como nosotros que aprendió a vivir contento y eso es más que simplemente estar alegre. En el griego, él usa la palabra *autarques*, que significa «independiente de sus circunstancias», «que ninguna ayuda o soporte es necesario para estar bien».[11] En otras palabras, él no necesita lo externo para estar bien en lo interno.

Los economistas en ocasiones empleamos una palabra similar, autarquía, que proviene de la palabra usada por Pablo. La usamos para hablar teóricamente de una economía que no depende del resto del mundo, una que se autoabastece. Produce su propio trabajo y recursos. No hay factores externos que alteren su estado interno. Si los precios del petróleo suben debido a una guerra en Medio Oriente, por ejemplo, el país con una economía autárquica puede sobrellevarlo sin ser afectado.

Pablo está diciendo: «He aprendido a estar bien dentro de mí, aunque las cosas estén mal afuera. No me falta ni me sobra nada para estar tranquilo». Esto no significa estar felices por las crisis, sino estar tranquilos en medio de ellas. Yo no me río cuando viene una adversidad, pero puedo estar confiado y ella no me altera, o al menos no lo hace significativamente.

En otras palabras, el contentamiento en el ámbito financiero es estar en paz con el nivel socioeconómico en el que Dios nos ha colocado luego de hacer nuestro mejor esfuerzo para avanzar en la vida sin descuidar los llamados de Dios. Esto último importa porque si, por ejemplo, descuido mi rol de padre en el hogar con la excusa de que Dios me llama a ser trabajador y así logro un nivel económico de vida alto, ¿es ese nivel el que Dios quiere para mí? ¿Uno que es logrado a expensas de mi familia? Obviamente no.

CONDICIONES PARA EL CONTENTAMIENTO

A partir del pasaje de Filipenses 4 presentado anteriormente, profundicemos en cuatro condiciones que le permitieron a Pablo tener una vida «autárquica», es decir, una vida que no es estremecida por las cambiantes circunstancias que se presentan. Una vida de contentamiento.

1. **El contentamiento requiere confianza absoluta en el control soberano de Dios**

   Como ya dijimos, Pablo escribe esta carta estando preso en Roma. Los filipenses le habían enviado varias ofrendas a lo largo de los años, pero, por alguna razón no revelada en el pasaje, no lo hacían desde hacía tiempo. Pablo les escribe y les dice: «Me alegré grandemente en el Señor de que ya al fin han reavivado su cuidado para conmigo. En verdad, antes se preocupaban, pero les faltaba la oportunidad» (v. 10).

   Es interesante que Pablo no se queja ni los acusa de haberlo olvidado. Pablo reconoce que quizás ellos tenían la intención, pero no habían tenido la oportunidad (*kairos*, en griego). La palabra que usa implica que él entiende que Dios no había orquestado que la ayuda de los filipenses fuese posible hasta ahora.

   En otras palabras, Pablo dice: «Si esto fue así, fue porque Dios lo permitió». Esto protegió a Pablo de resentirse contra sus hermanos. ¡Qué reacción la de Pablo al dar gracias al Señor! Esta es la respuesta de un hombre confiado en el control soberano de Dios sobre todas las cosas.

   Si vamos a estar contentos, tenemos que ver nuestra condición actual, que seguramente no es peor que la de Pablo, como la condición en que Dios nos ha puesto para hacer su mejor obra en nosotros. Aquí vemos a Pablo reconociendo que, si los filipenses no habían enviado otra ofrenda, no se debía a ninguna otra cosa más que a la voluntad de Dios. Confiaba en que Dios ordena todo con un propósito específico, que a veces es desconocido por nosotros, pero que siempre es sublime y glorioso.

En círculos evangélicos hay muchas enseñanzas populares que afirman que si tenemos alguna carencia es porque el diablo ha intervenido. Pensar que esto es cierto es angustiante para cualquier persona. Esa es una enseñanza que contradice la Biblia. Asumiendo que el diablo pueda quitar algo, Dios es el que da permiso. En el libro de Job, en su capítulo uno, vemos justamente a Dios dando permiso a Satanás para ir contra Job. Pero, en ningún momento, Dios pierde el control de los acontecimientos de la vida de su siervo Job. Tal y como decía R.C. Sproul: «Si existe tan solo una molécula rebelde en el universo —una molécula corriendo libre fuera del alcance de la soberanía de Dios—, no podemos tener la más mínima confianza de que cualquier promesa que Dios haya hecho acerca del futuro llegue a cumplirse».[12] En pocas palabras, si Dios no controla todo, no es confiable. ¡No es Dios!

El contentamiento requerirá que confiemos en el soberano control de Dios sobre todas las cosas y poder decir: «Señor, gracias por todo. Por lo que me has dado, pero también por lo que me has quitado; tú sabrás por qué. Gracias».

2. El contentamiento requiere aprendizaje

El contentamiento no es natural para el ser humano y por eso Pablo tuvo que aprenderlo: «*he aprendido* a contentarme cualquiera que sea mi situación» (v. 11; énfasis propio). ¿Cómo crees que alguien aprende a contentarse en cualquier situación?

Sobrellevando toda clase de situación. Así como un corredor entrena corriendo, el contento entrena contentándose cuando aparentemente no hay razones para hacerlo. En medio de eso, es Dios quien nos enseña a estar bien, independientemente de las circunstancias. ¡Cuánta libertad y gloria hay en el contentamiento!

Los momentos que desafían nuestro contentamiento no son desdichas; son lecciones para aprender a estar satisfechos en el Señor, sin importar los bienes y posesiones que tengamos. Este aprendizaje es un proceso y requiere tiempo. Cuando nos sentimos inconformes con lo que Dios nos ha dado, deberíamos arrepentirnos de nuestra actitud, pedir perdón y decir: «Señor, perdóname porque a pesar de tenerte a ti, estoy descontento y me siento desdichado». El corazón piensa que necesita más pero no es así. Si tenemos al Señor, tenemos un precioso y eterno tesoro.

3. El contentamiento requiere estar satisfecho con poco

Pablo les escribe a los filipenses: «Sé vivir en *pobreza*, y sé vivir en prosperidad. En todo y por todo he aprendido el secreto tanto de estar saciado como de tener *hambre*, de tener abundancia como de sufrir *necesidad*» (Fil 4:12; énfasis propio). Pablo había aprendido a estar contento sin importar en qué extremo financiero se encontrara. El extremo que nos interesa explorar en este punto es el de la escasez, aquel que Pablo asocia con «hambre y necesidad». Resulta chocante que una persona pueda decir que se mantiene contento a pesar de estar en esa situación. Sobre todo en una generación como la que vivimos que entiende de manera mayoritaria que «la vida está en los bienes».

Pablo le escribe también a Timoteo una idea similar: «Y si tenemos qué comer y con qué cubrirnos, con eso estaremos contentos» (1 Ti 6:8). Es decir, *muy poco era suficiente* para Pablo. Con sus necesidades básicas cubiertas, el apóstol podía decir: «Estoy contento».

Surgen las preguntas: ¿cómo entonces podemos aprender a estar contentos con poco? ¿Qué es lo que tenemos que entender o desarrollar en nosotros para que podamos experimentar lo mismo que el apóstol Pablo en cuanto al contentamiento?

En primer lugar, debemos distinguir deseos de necesidades. Pablo le dijo a Timoteo que con comida y vestido estaría contento. Estos son asuntos básicos y necesarios. Lo demás son deseos. Es posible que hoy en día haya más cosas que son necesarias para nuestro diario vivir, como, por ejemplo, un celular, una computadora o un vehículo. No obstante, debemos reconocer que el «bombardeo» de la publicidad ha hecho que sintamos que «hay deseos que necesitamos». Mientras más me dejo convencer de que necesito más cosas, más descontento voy a experimentar. Hemos de aprender a discernir qué es realmente una necesidad, y si la tengo cubierta, debo dar gracias por ello y estar contento.

En segundo lugar, y en la misma línea de argumentación que el punto anterior, en ocasiones mis deseos no son de más cosas, sino de cosas mejores. Es decir, tenemos deseos de calidad y podemos incluso considerarlos una necesidad. Por ejemplo, a muchos nos gusta la carne de res, la que usualmente es más costosa que la de pollo. Mi necesidad es de proteína, sin importar si viene del pollo o de la res. Si estoy enfrentando un tiempo de escasez y lo que mi presupuesto permite es comprar pollo, pues debo estar agradecido por ello. Esto puede pasar con el auto que manejo, con la ropa que compro, con las vacaciones que disfruto, el tipo de educación de mis hijos y en cualquier otra categoría de gasto.

El puritano Jeremiah Burroughs decía: «Qué estúpido es esto: que por no tener lo que quiero, no disfruto lo que tengo. Hay un gran contenido de estupidez en el corazón descontento».[13] ¡Esta es una gran verdad! Y esto implica entender la diferencia entre deseos y necesidades.

En tercer lugar, debemos entender que Dios ha prometido suplir necesidades, no deseos. Jesús dice: «Porque los gentiles buscan ansiosamente todas estas cosas; que el Padre celestial sabe que ustedes necesitan todas estas cosas. Pero busquen primero Su reino y Su justicia, y todas estas cosas les serán añadidas» (Mt 6:32-33). La expresión «todas estas cosas» hace referencia al alimento y al vestido, las necesidades básicas de la vida. Jesús promete que «todas estas cosas les serán añadidas».

Hay mucho descontento con Dios porque no suple lo que nosotros consideramos necesidades, pero si evaluamos estas «necesidades» veremos que son simples deseos. Algunos hacen alusión al versículo que dice: «Pon tu delicia en el SEÑOR, y Él te dará las peticiones de tu corazón» (Sal 37:4). Suponer que este versículo es un «cheque en blanco» para recibir de Dios todas nuestras peticiones es una mala interpretación. Está claro que se trata de una promesa condicional y depende de que nuestra delicia esté en el Señor. Cuando eso sea una realidad en nuestras vidas, entonces nuestras peticiones serán iguales a las de Dios y, por tanto, nos serán concedidas.

Por último, cuando no logramos estar contentos con poco, no necesitamos más cosas, sino más de Dios. Recordemos cómo en una ocasión le dijeron a Cristo mientras ministraba a la gente: «Ven a comer». Entonces, Él respondió: «Mi comida es hacer la voluntad del que me envió y llevar a cabo Su obra» (Jn 4:34). ¿No te ha pasado que, mientras estás haciendo algo que te gusta mucho, olvidas comer? A eso se refería Cristo. Lo que nos llena no es lo que tenemos, sino hacer la voluntad del Padre, vivir como Él quiere que vivamos.

4.   El contentamiento requiere total dependencia de Cristo

Este es el «secreto» del contentamiento: «Todo lo puedo en Cristo que me fortalece» (Fil 4:13). Estar en Cristo nos permite lidiar apropiadamente con los extremos financieros que nos toque vivir. La expresión «que me fortalece», en el griego, hace alusión a que Cristo «concede poder» a Pablo para enfrentar cualquier situación.[14] Estar contentos con poco no es humanamente natural. Nuestras inclinaciones egoístas y materialistas nos conducen a la queja y al descontento con mucha facilidad. Pero Cristo en nosotros hace posible estar contentos con poco.

En una ocasión, un puritano se sentó a la mesa para comer y lo único que había en ella era un poco de pan y agua. Su respuesta de asombro y gratitud, tan pronto se sentó, fue: «¿Cómo? ¡Todo esto además de Jesucristo!». Esto nos recuerda que, si tenemos a Cristo, ya tenemos suficiente. El secreto del contentamiento es apreciarlo a Él de manera que podamos decir lo mismo que este puritano. Este puritano estaba experimentando lo mismo que Pablo cuando expresó: «Pues para mí, el vivir es Cristo y el morir es ganancia» (Fil 1:21).

Tristemente, hay gente que tiene a Cristo y no lo valora apropiadamente. La Biblia nos llama constantemente a apreciar, ver y disfrutar a Dios (Sal 34:8; Mt 13:44-46). Cuanto más valioso es Cristo para nosotros, menos buscamos en este mundo nuestro contentamiento. El autor de Hebreos también nos enseña sobre esto al decirnos: «Sea el carácter de ustedes sin avaricia, contentos [*autarques*] con lo que tienen, porque Él mismo ha dicho: "Nunca te dejaré ni te desampararé"» (Heb 13:5). En otras palabras: «No deseen tantas cosas, porque ustedes ya tienen a Dios y Él nos ha dicho que estará con nosotros».

EL CONTENTAMIENTO EN LA PRÁCTICA

En este punto, vale la pena considerar, entonces, cómo luce el contentamiento en la práctica. Nos referimos a dos aspectos básicos de la vida: las compras y la crianza de nuestros hijos.

El contento comprando

Tener el dinero para comprar algo no implica la aprobación de Dios para hacerlo. Como ya hemos dicho, el creyente se debe ver a sí mismo como un mayordomo de los recursos de Dios y debe, por tanto, discernir la voluntad de Dios con relación a la forma de gastar sus recursos. En este sentido, sugiero considerar las siguientes preguntas al momento de comprar:

- *¿Necesito lo que voy a comprar?* El mayordomo contento no compra porque quiere, sino porque necesita algo. Resiste las inclinaciones internas de la avaricia y las externas de la presión de grupo y la publicidad. Por supuesto, debemos evitar el extremo en que no nos comemos un helado solamente «porque no lo necesitamos». Una vez que se ha establecido que algo es necesario, entonces viene la siguiente pregunta.

- *¿Por qué lo necesito?* Nuestra avaricia o las presiones externas pueden engañarnos y llevarnos a comprar algo. Es válido, entonces, que nos cercioremos de que estamos comprando algo por las razones correctas. Además, es frecuente que confundamos deseos con necesidades.

- *¿Lo necesito «ahora»?* Si concluyo que necesito algo, entonces, debería discernir si es el momento de adquirirlo.

Nuestra impaciencia y falta de dominio propio nos puede llevar a comprar cosas antes de tiempo, aunque sean necesarias. Si es posible dilatar el cambio de un auto, la compra de un par de zapatos o el adquirir otra computadora, entonces, deberíamos esperar.

- *¿Hay una alternativa más económica?* Si llegamos a esta pregunta es porque hemos decidido que necesitamos algo para ahora. En este punto, entonces, deberíamos procurar la mejor alternativa de precio-calidad que haya en el mercado, dejando fuera el querer comprar algo de una marca específica porque está de moda o porque es la de más prestigio. Esos son elementos secundarios.

Al plantearnos estas preguntas, nos protegeremos de ser guiados por nuestros impulsos materialistas o por las presiones de nuestra generación. De la misma manera, estas preguntas servirán para prevenir el déficit en el manejo de nuestras finanzas y evitaremos las deudas.

El contento criando a sus hijos

Como hemos mencionado, vivimos en una cultura materialista y nuestros hijos suelen estar expuestos a sus mensajes. ¿Cómo, entonces, un creyente contento busca enseñar a sus hijos al respecto?

- *Agradece frente a sus hijos por todo.* La persona contenta vive con un corazón agradecido y se lo manifiesta a sus hijos, a pesar de que tenga poco a los ojos del mundo. Como dice el salmista: «Bendice, alma mía, al SEÑOR, y no olvides ninguno de Sus beneficios» (Sal 103: 2). Tenemos al Señor, quien es el mayor de los tesoros. Si vivimos descontentos, criaremos a niños críticos e inconformes que imitarán nuestros patrones y se quejarán de sus situaciones y de las otras personas. Recuerda que nuestros hijos ya tienen en sus corazones la semilla de la inconformidad.

- *Compra bíblicamente frente a ellos.* Procura que tus hijos te vean evaluar las cosas que compras a la luz de las preguntas indicadas anteriormente. A veces mis hijos vienen con el celular, me muestran algo que quieren y me dicen: «Papi, busca eso en Internet para ver si está más barato». Ellos van aprendiendo a comprar bíblicamente viéndonos a nosotros.

- *Los ayuda a comprar bíblicamente.* Un creyente contento dosifica las cosas que da a sus hijos. No les compra cosas o los lleva de viaje simplemente para que tengan lo que otros niños tienen, para que estén más «callados» o por motivos de orgullo, como el padre que compra cosas caras a sus hijos porque «ellos deben tener lo mejor porque me representan a mí». Tampoco les compra cosas para compensar su ausencia. Si pasas poco tiempo con tus hijos, no puedes cubrir tu falta con regalos. Cuando haces esto, les enseñas que lo material suple lo relacional. Entonces, si no estás para tus hijos, acércate a ellos y pide perdón, pero no les regales cosas para compensar.

- *Exige a sus hijos cuidado y generosidad.* Por ejemplo, si compras ropa nueva, zapatos o juguetes a tus hijos, puedes enseñarles a dar a otros niños con mayores necesidades las cosas que ellos ya no usan.

Mi esposa y yo tratamos de hacer todas estas cosas constantemente con nuestros hijos desde hace años. Aun así, vemos indicaciones claras de ingratitud y descontento en ellos. Cuando eso ocurre, los confrontamos con su inconformidad y les recordamos lo bueno que Dios ha sido con nosotros al darnos a Cristo y cubrir nuestras necesidades.

CONCLUSIÓN

Vivimos en una época en la que es frecuente que la gente viva en un estado de déficit sistemático en sus cuentas, con gastos mayores a los ingresos. Las razones son múltiples, pero una de las más fundamentales es el descontento con la situación económica en la que estamos y, en última instancia, con Dios mismo. Por lo tanto, el contentamiento es la cura del déficit porque es el antídoto a lo que, en primer lugar, da origen al déficit: un corazón insatisfecho con lo que ya tiene.

Vivir con contentamiento, como Pablo nos muestra, requiere confiar en la providencia de Dios, tener disposición a aprender, estar satisfecho con poco y depender de Cristo. ¿En qué sentido se requiere esta dependencia? En estar convencidos en nuestro interior de que Cristo es más que suficiente. En Él tenemos lo que necesitamos para sentirnos plenos. Nuestro destino está seguro, su presencia está con nosotros, su sacrificio borra nuestros pecados y nuestras transgresiones son perdonadas. El presente es controlado por el Señor, y nuestro destino está sellado en Cristo. Estamos de principio a fin en las manos del Señor. Esto transforma incluso la manera en que compramos cosas y enseñamos a nuestros hijos a usar el dinero, procurando ser buenos mayordomos.

5

LA DEUDA SEGÚN LA BIBLIA: CAMINAR CONTRA LA CORRIENTE

En la introducción del capítulo anterior, dijimos que la mayoría de los países están cada vez más endeudados. La sociedad en la que vivimos promueve una filosofía de vida cuyo lema es «más es siempre mejor». Con dicha filosofía de «telón de fondo» y una publicidad cada vez más agresiva y personal, las personas son conducidas a un estado de descontento permanente. En tal situación, la mayoría concluye que la solución es tener tantas cosas materiales como se pueda para sentirse satisfechos. Si para ello tienen que endeudarse, pues lo hacen sin pensarlo mucho.

De hecho, la deuda en nuestros días es percibida como una oportunidad. Es vista como un privilegio que el sector financiero me otorga para tener lo que quiero. En muchos lugares, el tener acceso al crédito es un beneficio que refleja estatus. En los Estados Unidos y muchos países de Latinoamérica, tener «crédito» es importante para ser parte de esas sociedades. Si no tienes crédito, es decir, una historia financiera que muestre que has recibido y pagado créditos, eso te «cerrará muchas puertas». Como hemos mencionado, las personas ven la deuda incluso como una «facilidad». Cuando la deuda es vista de esa manera, se piensa que no «aprovechar» un crédito o financiamiento es un desperdicio. De hecho, poca gente se alarma cuando tiene dos o tres créditos vigentes.

Además, las políticas públicas de muchos gobiernos buscan democratizar el crédito: ellos quieren que la gente tome créditos porque de esta forma acceden a mayores niveles de consumo, lo que hace que las economías crezcan. En efecto, hay un aspecto en que esta dinámica resulta positiva, en vista de que un mayor consumo conduce a un aumento del crecimiento económico y, con ello, a una mejora en los niveles de ingresos de las familias. No obstante, también debo decir que mayores niveles de deuda colocan a los países en mayor fragilidad ante un entorno económico adverso. El repago de toda deuda supone cierto ingreso en el futuro, pero si ese ingreso no se produce vendría la insolvencia y, con ello, muchos problemas.

He tratado de exponer de manera breve la forma como la deuda es concebida en nuestro medio sin entrar a las consideraciones bíblicas al respecto. Esta concepción expuesta es, por así decirlo, «la corriente», en la que nos encontramos. Pero el cristiano no debe vivir según «la corriente» sino según la Palabra de Dios. En este sentido, el objetivo de este capítulo es profundizar en el entendimiento bíblico de la deuda para que comencemos a vivir según ese criterio.

LA OPINIÓN BÍBLICA SOBRE LA DEUDA

En contraste con la opinión generalizada hoy, la Biblia dice: «El rico domina a los pobres, y el deudor es esclavo del acreedor» (Pr 22:7, ver también 2 R 4:1). Este pasaje habla del estado de la persona que debe dinero. Por supuesto, en nuestra cultura occidental la esclavitud como categoría social ya ha desaparecido en nuestros países, gracias a Dios. Sin embargo, en cierto sentido, la deuda nos coloca en una especie de esclavitud.

Algunos que tienen deudas podrían argumentar que no son esclavos de su acreedor. Aunque como categoría social no lo son, en sentido financiero sí lo son. ¿Qué pasaría, por ejemplo, si una persona que tomó un préstamo para comprar un auto decide libremente disponer de sus recursos para viajar en lugar de pagar la cuota de su auto? Le sucederá que el acreedor, que puede ser una entidad financiera, hará las gestiones para quitarle el auto. Lo mismo pasaría con alguien que tenga una deuda para su vivienda. Si deja de pagar, será sometido a un proceso de reclamo en el que podría quedar «en la calle». En ese sentido, el deudor es esclavo del acreedor en nuestros días. La deuda coarta tu libertad para disponer de tus recursos.

En otro pasaje en Deuteronomio también vemos una enseñanza sobre la opinión divina sobre la deuda (Dt 28:1-14). Allí leemos la bendición que Dios prometió a Israel si ellos le obedecían, y se nos dice: «Abrirá el Señor para ti su buen tesoro, los cielos, para dar lluvia a tu tierra a su tiempo y para bendecir... y tú prestarás a muchas naciones, pero no tomarás prestado» (v. 12). En otras palabras, Dios asocia el estado de bendición con uno de no tener deuda. Esto nos da una idea de que ese es el estado preferible.

En una familia que se endeuda con frecuencia y ligereza, surgen tensiones que traen conflictos. Aquellos que usan la deuda como una salida usual a sus indisciplinas financieras se exponen al estrés de los pagos y la irritabilidad que ello conlleva. Ellos introducen la discordia en sus vidas y hogares. El siguiente pasaje nos advierte de manera indirecta que nos mantengamos lejos de la deuda a menos que no tengamos otra opción: «Mejor es un bocado seco y con él tranquilidad, que una casa llena de banquetes con discordia» (Pr 17:1).

La Biblia incluso advierte que no debemos constituirnos en fiadores de otros o, lo que es lo mismo, en garantes de otras personas en sus deudas: «No estés entre los que dan fianzas, entre los que salen de fiadores de préstamos. Si no tienes con qué pagar, ¿por qué han de quitarte la cama de debajo de ti? » (Pr 22:26-27). Las personas suelen firmar compromisos como esos, sin estar conscientes de su verdadera formalidad. Entonces, cuando son intimados a pagar, muchos se excusan diciendo que «ellos no asumieron en verdad esa deuda». En realidad, la fianza es un tipo de deuda porque es un compromiso de pago. La Biblia advierte que no seas fiador si no tienes con qué pagar o no estás dispuesto a hacerlo. Si la persona por la que asumes la fianza falla en su responsabilidad, eres responsable de cubrir ese compromiso. No obstante, esto no prohíbe que seamos fiadores, pero sí advierte que no debemos serlo si no tenemos los recursos o la disposición para hacer frente al compromiso.

Todo esto no significa que la Biblia prohíba la deuda. La Palabra nos advierte que la deuda no es el estado financiero ideal y que debemos tener cuidado cuando hacemos uso de ella. Sin embargo, muchas personas creen que la Biblia sí prohíbe la deuda e incluso algunos argumentan que es pecado endeudarse. El salmista dice: «El impío pide prestado y no paga, pero el justo es compasivo y da» (Sal 37:21). El problema del impío está en pedir prestado y no pagar, pero, si tomamos prestado y pagamos, cumplimos con lo que es justo.

Con lo visto hasta ahora, podemos resumir la perspectiva bíblica de la deuda de la manera siguiente: *aunque la deuda en sí no es pecado, los motivos para adquirirla pueden ser pecaminosos y, en ocasiones, no es la alternativa más sabia para adquirir un bien o cubrir una necesidad.*

¿POR QUÉ LA BIBLIA CONCIBE LA DEUDA DE ESTA FORMA?

En primer lugar, porque la deuda con frecuencia financia pecados. Vivimos en una generación materialista, llena de avaricia, envidia y deseos de ostentar. Cuando una persona se endeuda para comprar algo con el fin de asombrar a otros o lo hace por el querer más, aunque no lo necesita, lo hace porque piensa que eso le dará plenitud, ¿puedes detectar un pecado? ¿No está la persona creyendo que su plenitud e identidad están en los bienes? Esta es una de las insensateces de la deuda: la falta de sabiduría que supone el endeudarse para pagar inclinaciones pecaminosas. Es por ello que los principios bíblicos nos llevan a concluir que, aunque la deuda no es pecado en sí misma, sí puede hacer que sea más fácil «pagar» algunos pecados.

En segundo lugar, a veces la deuda no es lo más sabio porque se basa en suposiciones sobre el futuro. Para Santiago, tomar decisiones según conjeturas sobre el futuro es pecaminoso (Stg 4:13-16). Supongamos que alguien me comente: «Pastor, planeo comprar algo y para eso tomaré un financiamiento de cierta cantidad. Pienso pagarlo con mi salario y con un bono que recibo en diciembre, que usualmente es entre el diez y el veinte por ciento de mi ingreso anual». Yo le preguntaré: «¿Cuánto calculas que será ese bono este año?». La persona responde: «Este año seguro me van a dar el veinte por ciento, porque ha sido el mejor año de la empresa». Él asume que le darán el máximo posible por lo que se endeudaría en marzo contando con ese futuro bono que va a recibir al final del año. Pero en octubre la empresa se vende y cambia de dueño. Fruto de esto, el bono ya no se entrega. La persona se quedó «a mitad del río». Ahora su deuda resulta impagable. Fue arrogante, bíblicamente hablando.

En tercer y último lugar, la deuda a veces no resulta lo más sabio porque, con frecuencia conlleva altos intereses y, por tanto, implica una administración ineficiente de nuestros recursos. Ciertamente, puede resultar atractiva, pero cuando sacamos las cuentas, con frecuencia nos arrepentimos de haberla adquirido. Es como la lámpara de luz violeta que se usa para atrapar insectos. Estas criaturas son atraídas hacia la luz, pero, una vez que se acercan, son consumidas por el calor. Si no somos cautelosos, la deuda podría hacernos un daño financiero que no anticipamos.

¿CUÁNDO ES LEGÍTIMA LA DEUDA?

Todo esto nos lleva a preguntarnos: ¿en qué momentos y circunstancias es válido adquirir una deuda? ¿Cuándo es sabio endeudarnos? Vamos a considerar los tres tipos de situaciones por las que la gente se endeuda; eso puede ayudarnos a responder esta pregunta:

1. *El exceso de gastos.* En este caso, se trata de personas cuyos gastos, por las razones que sea, son recurrentemente

mayores a sus ingresos. Ante dicha situación, en lugar de tomar las decisiones necesarias para equilibrar su presupuesto, recurren a la deuda. En ocasiones se trata de gastos necesarios, como, por ejemplo, la súbita enfermedad de un familiar cercano, el colegio de los hijos o la adquisición de una vivienda dentro de los límites del ingreso familiar. Pero también es frecuente que los gastos financiados por deudas se traten de cosas innecesarias, tales como celulares de última generación, vacaciones familiares, mobiliario más moderno, celebraciones, etc.

En el caso de esos gastos en cosas innecesarias, la deuda sería siempre ilegítima. No es sabio endeudarnos en lugar de tomar decisiones drásticas y responsables para ajustar nuestros gastos en dichas partidas. No es sabio endeudarse por un año para pagar las vacaciones; es mejor ahorrar durante el mismo año y salir de vacaciones cuando contemos con los recursos necesarios. Recordemos: nuestro estilo de vida debe corresponder a nuestra realidad. Necesito ser realista con mi economía y adecuarme a lo que el dueño, que es Dios, me ha concedido.

2. *Las compras significativas.* Aquí hablamos de deudas para comprar un lote de terreno, una vivienda, un auto o incluso un negocio, es decir, las grandes inversiones en la vida de la mayoría de la gente. En estos casos, podemos decir que hay cierta legitimidad para la deuda si se toman en consideración algunos aspectos como los que veremos a continuación.

La razón por la que la deuda puede ser válida es que, al adquirir bienes necesarios y de montos significativos, tales como una vivienda o un auto, muy pocos podrían disponer de todos los recursos necesarios en un tiempo razonable. Esperar a tener todos los recursos para poder comprar implicaría pagar en renta o transporte incluso más de lo que costarían los intereses de la deuda. Lo que hay que cuidar es que el tipo de vivienda o auto adquirido se corresponda con nuestra capacidad de pago y que los compromisos de pagos no generen excesiva presión sobre nuestro presupuesto. En el tercer apéndice de este libro, comparto consejos específicos sobre cómo considerar y asumir dos de las deudas más significativas y comunes: la deuda para adquirir una vivienda y la deuda para adquirir un vehículo.

3. *Las situaciones imprevistas.* El desempleo repentino, una crisis de salud o un accidente son algunas de las situaciones en las que muchas personas no pueden cubrir todos sus gastos y recurren a financiamientos.

En estos casos, podríamos decir que la deuda es legítima. Por ejemplo, si quedo sin trabajo y literalmente no tengo dinero para comer, debo buscar alguna forma para poder sobrevivir, incluso pidiendo a un familiar que me preste dinero, mientras paralelamente ajusto mi nivel de vida para sostener el bache económico en que estoy inmerso. Otro ejemplo: si tu hijo se enferma y no tienes dinero para encarar esa enfermedad, debes pedir prestado el dinero que necesites para ayudarlo. Se trata de una necesidad. Puede pasar también que, si quedo sin empleo y tengo una deuda por mi vivienda, entonces tenga que procurar más financiamiento para no caer en la falta de pago con el riesgo de perder mi propiedad. En estos casos, se justificaría que procure alguna deuda.

En resumen, cuanto más asociada está la deuda a asuntos necesarios e inevitables, más válida o legítima será. A continuación, vemos una gráfica que resume e ilustra lo que se explicó anteriormente.

¿ES LEGÍTIMA LA DEUDA?

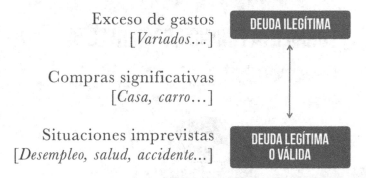

Exceso de gastos
[Variados...]

DEUDA ILEGÍTIMA

Compras significativas
[Casa, carro...]

Situaciones imprevistas
[Desempleo, salud, accidente...]

DEUDA LEGÍTIMA O VÁLIDA

Si recurrimos frecuentemente a deudas ilegítimas, porque no somos capaces de ajustar nuestro presupuesto o porque queremos adquirir cosas innecesarias, esa es una evidencia de que tenemos debilidades de carácter. ¿Por qué endeudarnos para cambiar el auto si el que tenemos aún tiene vida útil por delante? ¿Por qué una deuda para cambiar el televisor si podríamos esperar a tener todo el dinero? Debemos cuestionarnos cuando nos vemos inclinados a adquirir deudas con ligereza. Entendamos, de una vez y por todas, que somos mayordomos, y que Dios, al igual que cualquier dueño, no quiere que estemos gastando en intereses por cosas innecesarias.

LA TORMENTA FINANCIERA PERFECTA Y CÓMO EVITARLA

A muchos les toca enfrentar lo que describo como «la tormenta financiera perfecta». Es una situación calamitosa en la que todo lo que pudo salir financieramente mal… salió mal. Tristemente, es más común de lo que muchos suponen y, si no sabemos que vendrá, podemos ser sus víctimas con facilidad. En otras palabras, anticiparla nos permitiría evitarla o minimizar sus consecuencias.

TORMENTA FINANCIERA PERFECTA

La dinámica para que se presente esa situación es una combinación de factores que tienen que ver, por un lado, con un imprudente e insensato manejo financiero de mi parte y, por otro lado, con situaciones externas a mí, pero que afectan negativamente mis finanzas.

1. *Déficit recurrente en mi presupuesto.* Los primeros «vientos de la tormenta» se presentan cuando una persona o familia se permite déficits frecuentes en su presupuesto mensual. Muchas personas, sin razones de peso que las justifiquen,

se exceden en sus gastos de manera regular y, en vista de que tienen «facilidades» de crédito a la mano, postergan los ajustes necesarios que deben hacer.

2. *Compras significativas por encima de nuestras posibilidades.* Combinado con lo anterior, esto acrecienta la «velocidad de los vientos». El problema aquí está en que, cuando llega el momento de adquirir bienes significativos, como auto o vivienda o mobiliario, se decide por un tipo de compra que supera el nivel de ingreso con que se cuenta. Aunque se trata de asuntos necesarios, estos excesos terminan por succionar cualquier excedente de recursos y dejan las finanzas muy vulnerables ante cualquier imprevisto.

3. *Ocurrencia de imprevistos.* Esto desencadena la tormenta con toda su furia. Cuando llegan situaciones imprevistas a una persona o familia que se ha estado manejando financieramente con déficits recurrentes y con compras significativas por encima de su nivel de ingresos, entonces, ocurre el colapso. La estrechez financiera no permite acomodar nada más y, si ocurre algo, como una enfermedad, un accidente, el desempleo, el súbito aumento de la matrícula escolar, etc., entonces, se entra en la «tormenta financiera perfecta».

De haberse anticipado que los imprevistos siempre ocurren, habría habido oportunidad de prepararse para ello. Pero, cuando las finanzas son gobernadas por la falta de dominio propio, por el deseo de ostentar o aparentar algo que no soy, cuando creo que en los bienes está mi plenitud y doy por sentadas mis conjeturas sobre el futuro, no puedo esperar otra cosa que no sea una crisis en mi economía. A continuación, quisiera ofrecer algunas recomendaciones para evitar la situación descrita.

CÓMO EVITAR LA «TORMENTA FINANCIERA PERFECTA»

La prevención de esta tormenta tiene dos componentes. Por un lado, se requerirá de una *estrategia espiritual* dirigida a cambiar los patrones y hábitos que nos conducirían en la dirección de la «tormenta». Es posible resolver una crisis financiera en un momento dado, pero, si no cambias los rasgos del carácter y los patrones de decisión que produjeron dicha crisis, entonces caerás en lo mismo.

Yo comparo esto con las dietas: una persona comienza una dieta dejando carbohidratos y consumiendo ciertas comidas y, al mes, está muy feliz. Pero eso resulta insostenible si no cambia sus patrones de alimentación a largo plazo y su entendimiento de la nutrición. Entonces, a los tres meses, esa persona ha llegado a un peso aun mayor que el que tenía al comienzo. Se requiere un cambio en nuestra manera de pensar y proceder para que sea duradero.

Por otro lado, también se requerirá una *estrategia financiera* dirigida a tomar acción sobre nuestro manejo financiero. Veamos más de cerca estas estrategias.

Estrategia espiritual

1. *Identifica tus pecados «financieros» y arrepiéntete de ellos.* Este tipo de pecado es sutil. De ahí que Jesús haya dicho: «Estén atentos y cuídense de toda forma de avaricia» (Lc 12:15). Por ese motivo también habló del «engaño de las riquezas» (Mt 13:22). A pesar de que he dado muchas horas de consejería

financiera, nunca he escuchado a alguien confesar que es un materialista, un avaricioso, que desea causar buena impresión en otros con las cosas que compra o que pone su esperanza en las riquezas. La gente usualmente es «ciega» a estos pecados. Se requiere oración para que Dios nos los muestre. Tal como lo pide el salmista: «Escudríñame, oh Dios, y conoce mi corazón; pruébame y conoce mis inquietudes. Y ve si hay en mí camino malo y guíame en el camino recto» (Sal 139:23-24). Asimismo, tratemos de ser objetivos con nosotros mismos y si enfrentamos alguna situación de estrechez económica, evaluemos de qué forma nuestras decisiones nos pudieron conducir a ella.

2. **Considérate mayordomo.** Tu objetivo es complacer al dueño, que es Dios. En este sentido, el mayordomo asume la humilde postura de que, aunque tenga recursos suficientes para hacer algo, sus decisiones financieras son dirigidas por los principios bíblicos más que por sus deseos. La Biblia habla de nuestros deberes financieros en diversas áreas, y de ellos hablaremos más en detalle en el capítulo 6. No obstante, serviría en este punto al menos conocer qué áreas debe considerar el mayordomo y qué actitudes debe tener en cada una.

   a. Hacia Dios se nos requiere *fidelidad y gratitud.* Es una responsabilidad y un privilegio contribuir con nuestros recursos a la expansión de la obra de Dios en la tierra. El mayordomo sostiene la obra de la iglesia.

   b. Hacia la familia se nos pide *responsabilidad y transparencia.* Debemos proveer y entender que, si estoy casado, mis finanzas han de ser conocidas por mi cónyuge y su manejo debe ser acordado entre ambos.

c. Hacia el gobierno, *sujeción*. El mayordomo paga sus impuestos; la Biblia es clara en que ese es nuestro deber.

d. Hacia nosotros mismos, *sabiduría financiera*. Ser conscientes de nuestras inclinaciones hacia la avaricia y otros pecados financieros, y mantener nuestro estilo de vida en el punto que sea útil a los propósitos de Dios sin ser piedra de tropiezo para otros.

e. Hacia los demás, *generosidad*. Dios es generoso y, como sus hijos, la Biblia nos exhorta a serlo con los que necesitan. El capítulo 7 está dedicado al tema de la generosidad en nuestro manejo financiero.

3. *Conténtate con lo que el dueño te da y entiende que los verdaderos tesoros se acumulan en el cielo*. El contentamiento ve lo que ya posee y dice: «Es suficiente». Asimismo, a menos que creamos que los «verdaderos tesoros» son los celestiales, nos resultará difícil desplegar la generosidad que se espera de nosotros como mayordomos (Mt 6:19; Lc 18:22; 1 Ti 6:18). Más adelante también profundizaremos en este tema.

Luego de aplicar esta estrategia espiritual, podemos aplicar una estrategia financiera dirigida a encarar nuestros compromisos y evitar nuevos problemas. Esta estrategia y serie de recomendaciones básicamente aplican mucho de lo visto hasta ahora.

Estrategia financiera

1. *Elabora un presupuesto preciso*. En el apéndice 2 se explica en detalle cómo hacerlo. Vale decir aquí que, a menos que

contemos con un presupuesto preciso y acordado con nuestro cónyuge, en el caso de los casados, será difícil producir finanzas personales sanas.

2. ***Gasta menos de lo que ganas.*** Una vez elaborado el presupuesto, debes comprometerte a cumplirlo. Es sencillo de leer, pero difícil de vivir. La efectividad de nuestra estrategia espiritual se pondrá a prueba en este punto. En otras palabras, la medida de nuestra obediencia a los principios financieros bíblicos será puesta en evidencia en nuestra disciplina presupuestaria.

3. ***Ahorra con intención, no lo que «sobra».*** Si ahorramos cuando nos sobra, es probable que no lo hagamos o que ahorremos muy poco. Esto sería el ahorro *residual*. No funciona. Pero en el ahorro *intencional* gastamos en algo si sobra, luego de ahorrar. ¿Ves la diferencia?

4. ***¡Compra «bíblicamente»!*** Compra si necesitas, por las razones correctas, en el momento apropiado y con la alternativa más económica. Esto lo vimos en el capítulo anterior cuando hablamos de cómo luce el contentamiento en la práctica.

5. ***Resuelve no pagar intereses por deudas ilegítimas.*** Deberíamos prohibirnos las deudas para cosas innecesarias. No tenemos el permiso de Dios para hacer esto. Dejemos de financiar con deuda nuestra vanidad, nuestra falta de dominio propio o el orgullo de ostentar, entre otros pecados. No permitamos que esto siga ocurriendo.

Todo lo que hemos visto tanto en la estrategia espiritual como financiera previene una posible «tormenta financiera perfecta» en nuestras finanzas. Ahora bien, ¿qué hacer si estoy en medio del colapso financiero? Si no tengo suficiente para pagar lo que debo y no tengo idea de por dónde empezar, ¿qué debo hacer en esos casos?

Estrategia si te encuentras en medio de una «tormenta financiera»

1. *Sigue la estrategia espiritual y la estrategia financiera descritas en los párrafos anteriores.*

2. *Organízate.* He recibido a muchas personas en consejería financiera que me hablan de sus problemas de deudas, pero no saben decirme cuánto deben con exactitud. He detectado un fenómeno al que he llamado «disociación por temor». Esto ocurre cuando la gente está consciente de que tiene un desorden financiero, pero «se siente mejor» ignorando los detalles del problema. En estos casos, la gente ni hace cuentas de cuánto debe para evitar enfrentarlo. Esto es inmaduro e ilógico. Necesitas saber claramente cuánto debes en realidad y cómo es cada deuda.

3. *Encara tus deudas.* El Señor dice, «El impío pide prestado y no paga» (Sal 37:21). Se puede deducir, entonces, que el justo pide prestado y paga. Y, agrego que, cuando el justo no puede pagar, «da la cara». En este sentido, si has caído en incumplimiento de tu deuda, sea con una institución financiera o con un particular, llámalo, preséntate y di que tienes intención de pagar. Explícale tu situación. Es

increíble lo que uno puede conseguir cuando da la cara. Los bancos quieren gente responsable y, por eso, a veces te facilitan ponerte al día con tus deudas, por ejemplo, quitándote algunas moras o intereses. En este punto puede ser necesaria una «cirugía plástica»: si tienes un problema de compulsión en compras y un desajuste significativo en tarjetas de crédito, corta tus tarjetas con una tijera o, al menos, solicita que ajusten sus límites a uno que puedas pagar, ya que usualmente los límites de las tarjetas son el doble o el triple de tus ingresos reales. Ora para que Dios te conceda gracia frente a tus acreedores.

4. ***Empieza pagando las deudas con más intereses y saldando las de menor monto.*** En general, debes pagar la deuda que más alta tasa de interés te cobre. No obstante, a veces, también debes considerar pagar la de menor monto porque así podrás salir con facilidad de una deuda y tendrás menos presión. Cuando se tienen varias deudas y se paga un poco de cada una, se hace más difícil pagar una completa.

5. ***Considera vender algo que poseas.*** Para muchos es inconcebible vender su vivienda o su auto para aliviar su situación financiera y salir de la «tormenta». Lo que tenemos, en ocasiones, debemos usarlo para pagar lo que debemos. No te aferres a nada. Cumple tus compromisos; honra a Dios.

6. ***Piensa en cómo generar más recursos.*** Busca ideas creativas para generar más ingresos. Si puedes dar clases de algo, hazlo. Si tienes un negocio, busca cómo asociarte o crecer. Si tu esposa no trabaja, puede que temporalmente tenga

que hacerlo para que juntos puedan salir de la situación en que se encuentran. Busca alternativas para aumentar tus ingresos y ora para que Dios te abra puertas.

CONCLUSIÓN

Aunque la deuda en sí no es pecado, sus motivos pueden ser pecaminosos y, en muchas ocasiones, endeudarse simplemente no es lo más sabio. La deuda suele ser producto del desorden en nuestro carácter y corazón. Por tanto, necesitamos una estrategia espiritual y financiera apropiada para ser libres de deudas.

El punto al presentar las estrategias esbozadas es que, sea cual sea la situación en que nos encontremos, hay esperanza de salir de las deudas si ordenamos primero el corazón y nuestra forma de pensar, para luego ordenar la parte financiera. Las finanzas son una manifestación de nuestro interior. Si mi corazón no está en orden, mis finanzas difícilmente lo estarán. Por el contrario, si mi corazón está en orden, mis finanzas difícilmente estarán en desorden.

Hacer una compra o endeudarse siempre es una decisión espiritual, porque toda nuestra vida está delante de Dios. Oremos para que podamos crecer espiritualmente, al punto en que esto se evidencie en finanzas arregladas y ordenadas, de manera que esa área de nuestras vidas glorifique al Señor y Él se sienta complacido con ella. Él se complace con nuestras buenas decisiones y se desagrada con las malas. Él es una persona que responde a lo que hacemos y no hacemos. Al final, Él es el dueño y yo quisiera que Él me diga: «Bien hecho, siervo fiel».

6

DEBERES FINANCIEROS BÍBLICOS

Como ya hemos visto, somos mayordomos de los recursos de Dios. Por tanto, deberíamos estar interesados en conocer la manera en que Dios quiere que administremos sus recursos y de esta forma complacerlo. La verdad es que Dios no ha callado al respecto y en su Palabra nos ha dejado instrucciones precisas acerca de nuestros deberes financieros.

Para facilitar el contenido de este capítulo, he considerado que la Biblia dispone de al menos cinco áreas de deberes financieros. Dios nos da principios para administrar sus recursos en cada área. A continuación, presentamos un cuadro con cada área y el deber bíblico correspondiente.

ÁREA	DEBER BÍBLICO
Dios y Su obra	Fidelidad y gratitud
Tu familia	Responsabilidad y transparencia
El gobierno	Sujeción
Tú mismo	Estilo de vida «estratégico»
Los demás	Generosidad

En este capítulo, profundizaremos en nuestros deberes en cada una de estas áreas, excepto en nuestro deber hacia los demás, que veremos con detalle en el siguiente capítulo.

NUESTRO DEBER HACIA DIOS Y SU OBRA

Dios tiene propósitos y planes en la tierra. Estos planes son realizados en el mundo principalmente por medio de la iglesia, que necesita recursos para hacer la obra a la que fue llamada. A lo largo de la historia bíblica, Dios ha hecho a su pueblo responsable de sostener su obra. En los párrafos que siguen, trataré de explicar las instrucciones bíblicas sobre los aportes financieros que Dios ha pedido a su pueblo.

En el Antiguo Testamento, la Ley de Moisés contaba con un esquema preciso de contribuciones obligatorias que el pueblo judío debía cumplir. En este sentido, el pueblo tenía tres tipos de obligaciones financieras según la Ley: *

1. **Diezmo para sostener a los levitas.** El pueblo debía dar a la clase sacerdotal el diezmo de su ingreso (Nm 18:21). Este era el pago por su servicio al tabernáculo. Además, los levitas, a diferencia de las demás tribus, no habían recibido tierra y, por tanto, estos diezmos eran «su heredad» (Nm 18:24). Es importante recalcar que los levitas eran «el gobierno» de ese momento. Esto implica que el diezmo a los levitas sería un cercano equivalente al pago de impuestos que nos toca hacer hoy para financiar la operación del Estado.

2. **Diezmo para sostener las fiestas religiosas nacionales.** En Deuteronomio encontraremos que la Ley establecía otro diezmo que se debía dar para financiar las distintas fiestas que el pueblo celebraba, incluyendo la Pascua (Dt 12:10-11).

3. **Diezmo cada tres años para contribuir con los necesitados.** Este era un tercer diezmo ordenado que aparece en Deuteronomio 14:28-29. La diferencia con los otros es que este debía ser dado cada tres años. Es decir que representaba aproximadamente un 3,33% anual del ingreso. El propósito era ayudar a los grupos sociales vulnerables como huérfanos, viudas y extranjeros.

En resumen, la Ley exigía al pueblo dar anualmente al menos el 23,3% de su ingreso como contribución obligatoria. Además

---

* Apoyado en MacArthur, John F. *Whose Money Is It Anyway?* Thomas Nelson. Kindle Edition.

de esto, y también como obligación, en Levítico se les exige a los israelitas que dejen sin cosechar los «rincones» de sus campos y que no recojan el fruto caído (Lv 19:9-10). Estos debían dejarse a los pobres.

Todas las disposiciones mencionadas eran solo las contribuciones obligatorias, pero existían también las ofrendas *voluntarias* y vemos múltiples ejemplos de esto en Deuteronomio 16:10; Números 18:12; 1 Crónicas 29:9.

Hoy en día, muchas iglesias entienden que estas obligaciones de diezmos están vigentes y son la norma dispuesta por Dios para la iglesia. No obstante, se debe tener cuidado de no exigir instrucciones de la Ley que no están confirmadas en el Nuevo Testamento. El pastor John MacArthur nos da luz en este punto:

> Por lo tanto, entre todas las referencias del Nuevo Testamento a un diezmo, no existe ningún mandato a los creyentes sobre la necesidad del diez por ciento. Esto se debe a que el diezmo nunca ha sido una ofrenda a Dios; siempre fue una forma de impuestos para apoyar al gobierno.[15]

Recordemos que, en el tiempo de Moisés, el tipo de gobierno era una teocracia. Dios gobernaba el pueblo por medio de los levitas. En este sentido, el diezmo entregado a los levitas eran los impuestos de los judíos. De la misma forma, el diezmo entregado cada tres años para los necesitados era el equivalente a un sistema de seguridad social. Por último, el diezmo entregado para las fiestas nacionales era utilizado para sostener los principales gastos de su sistema religioso.

Aunque el diezmo es mencionado en varios pasajes del Nuevo Testamento (Mt 23:23; Lc 18:12; Heb 7:4-9), en ninguno se ordena como una norma para la iglesia. No obstante, la obra de Dios ha de ser apoyada por sus hijos. Pablo nos entrega una de las mejores enseñanzas con respecto a este tema::

> Pero esto digo: el que siembra escasamente, escasamente también segará; y el que siembra abundantemente, abundantemente también segará. Que cada uno dé como propuso en su corazón, no de mala gana ni por obligación, porque Dios ama al dador alegre (2 Cor 9:6-7).

A pesar de que, como ya dijimos, el Nuevo Testamento no ordena ninguna contribución específica a la iglesia, hay tres aspectos a considerar en este sentido que quisiéramos explicar a continuación.

En primer lugar, debemos ofrendar a la iglesia. A pesar de la controversia que pueda haber en torno a si el diezmo está vigente o no, no creo que haya discusión de que los creyentes tenemos el deber de sostener financieramente la iglesia. De lo contrario, ¿quién lo hará?

En segundo lugar, nuestra contribución debe ser regular. La iglesia primitiva dio el ejemplo de aportar financieramente con regularidad, en particular, de manera semanal (1 Co 16:2). La razón de esto es obvia porque todos sabemos que las necesidades de la iglesia son recurrentes. Si el aporte a la iglesia se diera solo cuando alguien se siente con el deseo de hacerlo, caería en incumplimiento de muchos de sus compromisos financieros.

En tercer lugar, el diezmo puede ser un buen punto de partida. Pablo estimula a los Corintios a aportar a la obra de Dios «según haya prosperado» (1 Cor 16:2). En su segunda carta los exhorta diciendo: «El que siembra abundantemente, abundantemente también segará» (2 Cor 9:6). Pablo también elogia a los macedonios porque dieron «aún más allá de sus posibilidades» (2 Cor 8:1-5). En ninguno de estos casos se habla de un porcentaje. No obstante, si pensamos en lo que dan a entender estos pasajes, es probable que concluyamos que, en todos estos casos, se dio más de un diez por ciento. En este sentido, aunque el diezmo no es una obligación, lo sugiero como un punto de partida para nuestra dádiva a Dios.

DIOS NO VE EL MONTO, SINO EL CORAZÓN

Dios no se asombra por lo que damos. Él es el dueño de todo lo que existe (Hag 2:8). En realidad, a Dios no le damos nada, sino que le devolvemos parte de lo que recibimos de Él. Eso es justamente lo que dijeron los judíos cuando les tocó «ofrendar» para el templo: «Porque de ti proceden todas las cosas, y de lo recibido de tu mano te damos» (1 Cr 29:14).

No obstante, Dios se agrada, más que por el monto, por la actitud con la que damos. Jesús elogió a la viuda que «echó más que todos» porque «echó todo lo que tenía para vivir» (Lc 21). Ella ofrendó confiando en Dios, esperando en la fidelidad a Dios. ¡Y Jesús lo vio! Pablo estimula a los corintios a ofrendar «no de mala gana ni por obligación, porque Dios ama al que da con alegría» (2 Cor 9:7). En palabras llanas, «Dios disfruta ver a alguien ofrendando de manera gozosa».

Ojalá entendamos lo que entendieron los macedonios cuando le suplicaron a Pablo, «con muchos ruegos el privilegio de participar en el sostenimiento de los santos» (2 Cor 8:4). Pablo estaba recogiendo una ofrenda para la iglesia en Jerusalén. Los macedonios eran muy pobres, pero aun así querían colaborar y le pidieron a Pablo que se los permita. Para ellos, contribuir financieramente con «los santos» era un privilegio.

Dicho todo lo anterior, nuestra contribución a la obra de Dios debería ser con *fidelidad* y *gratitud* por lo que hemos recibido de Dios.

NUESTRO DEBER HACIA NUESTRA FAMILIA

Los principios financieros bíblicos nos conducen a ser *responsables* y *transparentes* con nuestras familias.

Según el diseño divino de la familia, los padres son los proveedores de cada unidad familiar. De manera específica y a lo largo de la Biblia, el hombre es señalado como el principal proveedor del hogar. Un primer pasaje que da a entender esto se encuentra al inicio de la Biblia cuando, luego de la caída en pecado de la primera pareja, Dios pronuncia su juicio sobre el hombre, y sucede que todas las consecuencias impuestas sobre él tienen que ver con el trabajo (Gn 3:17-19). Este era su ámbito. No estamos diciendo con esto que la mujer no pueda también proveer para el hogar tomando en cuenta ciertas consideraciones.

La Biblia condena los casos en que se descuida la responsabilidad de provisión. Pablo le escribe a Timoteo: «Si alguien no provee para los suyos, y especialmente para los de su casa, ha negado la fe y es peor que un incrédulo» (1 Ti 5:8). De la misma manera, Pablo presenta su propio ejemplo cuando dice, «Porque aun cuando estábamos con ustedes les ordenábamos esto: Si alguien no quiere trabajar, que tampoco coma» (2 Ts 3:10).

Es duro leer que alguien que se considera creyente pero que no mantiene a los suyos es considerado peor que un incrédulo. La idea es que incluso la mayoría de los incrédulos se hace cargo de su familia. En este sentido, la falta de responsabilidad financiera hacia mi familia es una posible indicación de que ni siquiera soy cristiano. Por esto Pablo dice «ha negado la fe». De hecho, el mandato a los tesalonicenses es que no sean generosos con el que no trabaja, es decir, que este tipo de persona «tampoco coma» (2 Ts 3:10).

El mismo apóstol Pablo tenía el oficio de hacer tiendas (Hch 18:3) y, aun siendo ministro del evangelio y teniendo el derecho de ser sostenido por sus seguidores (2 Ts 3:9), optó por trabajar con sus propias manos «a fin de no ser carga a ninguno de ustedes» (2 Ts 3:8).

La Biblia nos exhorta a trabajar y ser productivos (Ef 4:28; 2 Ts 3:12; 4:11), y con ello proveer de manera responsable para los que dependen de nosotros. La pereza es lo contrario a la actitud diligente y productiva que se espera del cristiano. El libro de Proverbios la condena enfáticamente y nos manda a resistirla.

Pero la falta de responsabilidad hacia nuestra familia se manifiesta no solamente cuando somos poco diligentes en proveer para los nuestros, sino también cuando, a pesar de que proveemos lo suficiente, nos comportamos con una actitud insensible hacia lo que nuestras familias realmente necesitan. He conocido casos de esposos que entregan a su esposa una cierta cantidad de dinero para la administración del hogar, sin siquiera consultar con ellas cuáles son las necesidades reales. ¡Que el Señor nos perdone si hemos caído en la irresponsabilidad o insensibilidad financiera hacia nuestra familia!

En caso necesario, esto incluye a nuestros padres

Una vez más, Pablo escribe a Timoteo: «Honra a las viudas que en verdad son viudas. Pero si alguna viuda tiene hijos o nietos, que aprendan estos primero a mostrar piedad para con su propia familia y a recompensar a sus padres, porque esto es agradable delante de Dios» (1 Ti 5:3-4).

En aquella época, cuando una mujer enviudaba, quedaba desvalida porque la estructura social no la acogía con facilidad y los sistemas de gobierno no tenían ayudas especiales para mujeres en tal condición. La iglesia primitiva, sensible a dicha situación, comenzó a ayudar a las viudas, pero Pablo dio un mandato de que, si las viudas tienen «hijos o nietos», deben ser estos los que se hagan responsables.

En pocas palabras, los hijos o nietos deben hacerse cargo de sus padres o abuelos, en especial, si ellos tienen necesidades económicas. Es interesante notar que Jesús habló de esta misma responsabilidad de los hijos con sus padres (Mc 7:10-13).

Lo que debe motivar dicha acción es la «piedad», que es parte del carácter transformado del seguidor de Cristo. Tal y como lo dice William McDonald en su comentario de este texto: «¡Es un pobre testimonio para la fe cristiana hablar de manera altisonante acerca de la propia religión y luego descuidar a aquellos que están atados a nosotros por los vínculos de la naturaleza!».[16]

Alguien puede decir: «No voy a mantener a mi papá porque él fue un derrochador» y, aunque eso sea cierto, igual nos corresponde honrar a nuestros padres y proveer para ellos si están en necesidad. Ayúdalos en lo necesario y, de requerirse, instrúyelos en su manejo financiero para que puedan administrarse bien en su condición.

Unidad financiera en el matrimonio

El Señor dice con absoluta claridad, «Por tanto el hombre dejará a su padre y a su madre y se unirá a su mujer, y serán una sola carne» (Gn 2:24).

El que una pareja, al casarse, pase a ser «una sola carne» tiene significativas implicaciones en todos los aspectos de sus vidas y, sin duda, sobre el aspecto financiero. Si son uno, sus finanzas deberían reflejar esa realidad.

Eso implica que ambos deben ser *transparentes* el uno con el otro en cuanto a sus finanzas y que ambos deben manejarse en unidad. Deberían tener un presupuesto juntos y sus planes financieros futuros han de estar unidos. El concepto de *una sola carne* sencillamente no da espacio para la separación financiera.

Recuerdo cuando en consejería un hombre vino a pedirme ayuda porque quería comprar un vehículo y le había pedido cierta cantidad de dinero prestado a su esposa, pero ella no quiso hacerlo. Yo le pregunté cuántos años de casados tenían, y él me respondió que más de veinte. Entonces les pregunté: «¿Ustedes siempre se han manejado así?». «Sí, pastor», me respondió, «nunca he sabido lo que mi mujer gana y cada uno maneja su dinero por su cuenta». Puedo asegurar que este tipo de dinámica tiende a producir división en la pareja no solo en el plano económico, sino también en el emocional, con lamentables consecuencias en la unión del matrimonio.

Es muy probable que muchos se preguntarán qué hacer en casos en que el cónyuge es irresponsable o derrochador. En este caso, lo ideal sería que el cónyuge «funcional» pueda confrontar de manera amorosa al irresponsable y mostrarle aquellos rasgos del carácter que producen dicho comportamiento financiero dañino. Si esto no es posible, quizás porque la relación está muy deteriorada o porque el cónyuge que pudiera confrontar no se siente en la capacidad de hacerlo, se puede buscar ayuda de un tercero que tenga cierta autoridad sobre la vida de la persona que necesita ser confrontada. Si eso tampoco funciona, pues al menos debe haber un proceso de «negociación» para ponerse se acuerdo con un presupuesto que ambos aprueben y que se administre de una forma que haya cierta garantía de ser cumplido.

En resumen, nuestro deber financiero hacia nuestras familias es conducirnos con *responsabilidad y transparencia*.

NUESTRO DEBER HACIA EL GOBIERNO

El pasaje bíblico más importante sobre nuestro deber de pago de impuestos al gobierno fue señalado por el apóstol Pablo en su carta a los Romanos:

> Sométase toda persona a las autoridades que gobiernan. Porque no hay autoridad sino de Dios, y las que existen, *por Dios son constituidas...* Por tanto, es necesario someterse, no solo por razón del castigo, sino también por causa de la conciencia. Pues por esto también ustedes pagan impuestos, porque los gobernantes son servidores de Dios, dedicados precisamente a esto. Paguen a todos lo que deban: al que *impuesto, impuesto*; al que *tributo, tributo*; al que temor, temor; al que honor, honor (Ro 13:1; 5-7; énfasis añadido).

En este texto vemos que los gobernantes son servidores de Dios. En su soberanía, Dios dispone quiénes gobiernan las naciones (Dn 2:21). A veces, Dios da un buen gobernante como bendición a una nación o un mal gobernante como juicio. Pero, a pesar del gobernante de turno, la realidad es que Dios *siempre* gobierna.

Cuando Cristo vino, lo hizo bajo un gobierno autoritario, el Imperio romano, que podría decirse que era similar a una dictadura. La mayoría de los emperadores romanos eran dictadores, sanguinarios, corruptos y degenerados. Sin embargo, cuando en una ocasión la gente le preguntó a Jesús sobre si debían dar impuesto al César, Él respondió: «Pues den a César lo que es de César, y a Dios lo que es de Dios» (Lc 20:25). *¿A César?* Sí, dice Jesús. Esto hace una alusión directa a que cumplamos nuestros deberes impositivos, tal como leemos en Romanos.

Nuestro deber hacia el gobierno no depende de la calidad del gobierno, si es corrupto o no, si hace bien su trabajo o no. Debemos cumplir con nuestro deber porque es un mandato de Dios. Si incumplo mi deber de pagar impuestos, esa es mi falta y Dios me pedirá cuentas de ello.

De hecho, si el gobierno y sus funcionarios no cumplen con su deber, pero tampoco como ciudadano cumplo con el mío, ¿qué derecho tengo de señalar la falta del otro? Legalmente hablando, no pagar impuestos es un delito. También, legalmente hablando, si los funcionarios roban están cometiendo delito. Ambos son delitos, de diferente tipo, pero son igualmente delitos. Entonces, ¿cómo pido a un funcionario del gobierno que cumpla sus responsabilidades legales si yo no estoy dispuesto a cumplir las mías? ¿Voy a esperar que ellos cumplan su parte para hacer la mía? Ellos podrían decir lo mismo.

Por tanto, el argumento de decir «yo no pago impuestos porque el gobierno no cumple su labor» en realidad no es un argumento válido en absoluto. Es simple autojustificación para no cumplir con nuestra responsabilidad.

Recomendaciones prácticas para nuestro cumplimiento fiscal

Como creyentes, debemos buscar la manera más eficiente de cumplir con esta responsabilidad. Pensando en esto, aquí hay algunas recomendaciones y consejos:

1. *Procura que alguien te asesore.* Es importante tener presente que un contador no es lo mismo que un asesor fiscal, aunque hay contadores que también son asesores fiscales. Lamentablemente, he visto a personas con muchos problemas fiscales por dejar estos asuntos en manos de una persona que no tiene el conocimiento o la experiencia

para hacerlo o que no está actualizada con la normativa de impuestos, la cual tiende a cambiar con frecuencia.

2. *Determina la estructura ideal para el pago de tus impuestos.* Por ejemplo, los trabajadores independientes deben determinar si les conviene declarar impuestos como personas físicas o constituirse como una compañía. La mayoría de las personas son empleados dependientes de empresas y, en ese caso, no hay ningún inconveniente porque casi todos o todos sus impuestos se pagan por vía de la empresa. No obstante, si una persona tiene un segundo ingreso, además de su salario, debe procurar el mejor mecanismo para declarar esos otros ingresos. Muchos países cuentan con esquemas *simplificados* de pago de impuestos para profesionales independientes o para personas que tienen más de un ingreso. ¡Infórmate con un buen asesor!

3. *Sé diligente, pues los errores fiscales suelen ser muy caros.* Los esquemas fiscales penalizan con altos costos a quienes incumplen. Si tu incumplimiento es por ignorancia, no se reducen las penalidades. Por esta razón, te exhorto a conocer lo más que puedas tus obligaciones fiscales para que no te enfrentes a grandes penalidades. Si el organismo fiscalizador te informa que estás en falta, movilízate lo más rápido posible para regularizar tu situación. Ten cuidado: ¡Los errores fiscales se pagan muy caro!

4. *Paga los costos de tus convicciones.* En este punto el mensaje es sencillo: pagar impuestos te costará. ¡Acéptalo! Cuando te irrites por ello, recuerda que honras a Dios al

hacerlo. Confieso que no suelo estar muy alegre al momento de pagar impuestos, pero, una vez que lo hago, en cierta forma me libero de una carga y digo al Señor: «Padre, esto es por ti, en obediencia a ti». La obediencia no es solo cuando me toca hacer las cosas que me gustan; la obediencia se prueba cuando realmente te cuesta.

En resumen, *nuestro deber hacia el gobierno es sujeción en el pago de nuestros impuestos.*

NUESTRO DEBER HACIA NOSOTROS MISMOS

El pastor John Piper,[17] al igual que Ralph Winter,[18] utilizan un término que ha logrado cierta popularidad: «estilo de vida de tiempos de guerra».[19] La idea es que, en vista de la guerra espiritual en la que nos encontramos, luego de la caída en pecado (Ef 6:12), el estilo de vida de los creyentes en términos financieros debería adecuarse a la austeridad y enfocarse en asuntos básicos, tal y como lo hace una nación cuando está en guerra.

En principio, adoptar un enfoque como este tiene el beneficio de eliminar los «desperdicios» en nuestros gastos y conducir nuestros recursos para ser invertidos en «armas para la batalla». En el caso de Piper, el objetivo sería reasignar los recursos desde la «autogratificación a la penetración de las misiones».[20]

Ahora bien, dicho enfoque puede ser llevado al extremo que señala Randy Alcorn cuando dice: «Una mentalidad de guerra puede llevarse a tal extremo en que sentimos que es infiel disfrutar de cualquier posesión, placer o actividad especial».[21] La realidad es que nuestra guerra dura toda la vida, y «hasta los soldados cuando pueden toman un descanso». Esta es la implicación de lo que Pablo le dice a Timoteo: «Dios… nos da abundantemente todas las cosas para que las disfrutemos» (1 Tim 6:17).

Por lo dicho anteriormente, entiendo, al igual que Randy Alcorn, que el cristiano debe procurar adoptar un «estilo de vida estratégico».* La idea es manejar nuestras finanzas de tal forma que nuestro estilo de vida se ajuste a las necesidades del llamado de Dios para nosotros.

Quizás un ejemplo personal pueda ilustrar este concepto. Antes de dedicarme al ministerio a tiempo completo, trabajé unos quince años como economista. Los últimos siete años, fui consultor privado a través de una empresa que fundé en el 2003. Durante ese tiempo, iba a comer a ciertos lugares, vestía cierta ropa y tenía un vehículo que iba acorde con mi labor profesional. Mi auto era muy útil en el entorno en donde me desempeñaba. De la gama de vehículos que podía tener, escogí uno que ofrecía las prestaciones que necesitaba. Mi auto era «estratégico», considerando que era un consultor de grandes empresas.

No obstante, cuando decidí dedicarme al ministerio a tiempo completo, entendí que ese vehículo podía ser piedra de tropiezo para algunos hermanos. Así que, como pastor, decidí ser «estratégico» y vender el carro para comprarme uno más sencillo, que fuese menos llamativo.

Hubo otras decisiones de ese tipo que mi esposa y yo tuvimos que tomar. La pregunta que buscábamos responder antes de cada decisión era: ¿Qué es lo más apropiado o conveniente, es decir, «estratégico», para mi nueva labor como pastor?

Ahora, imagine que Dios me llama al trabajo misionero en una comunidad de escasos recursos. Si ese es el llamado de Dios para

---

* Es un concepto que comparto con Randy Alcorn de «eternal perspective ministries» / epm.org

mi vida, aunque tenga los recursos para vivir con mayores lujos y comodidades, no debería ir a esa comunidad y construir una mansión en medio de ella. Eso no es estratégicamente conveniente para cumplir el llamado de Dios para mí.

A esto me refiero. Entonces, ¿cuál es el nivel de vida o estilo de vida que debemos tener? Dentro de nuestro presupuesto, lo que necesitemos para cumplir con aquello a lo que el Señor nos haya llamado. Hasta ahí tenemos licencia. Sé que esto parece general y subjetivo, así que tendremos que discernir con el Señor, en oración y en consulta con otros.

CONCLUSIÓN

Nuestro Dios reveló en su Palabra cómo debemos conducirnos financieramente en cada una de las áreas de nuestras vidas. Si queremos honrar a Dios en nuestras finanzas, debemos ser obedientes en cumplir con nuestras responsabilidades financieras siguiendo las instrucciones claras de la Palabra de Dios y buscando su sabiduría en todo tiempo para las cosas que no sean explícitas en las Escrituras.

En ocasiones, como cuando hablamos de nuestros gastos privados, tenemos libertad para tomar algunas decisiones muy personales, pero siempre buscando primero el discernimiento que Él puede darnos, a fin de que podamos cumplir con su llamado para nuestras vidas.

Necesitamos entender que un corazón que atesora a Dios y busca obedecerle se evidencia en un buen manejo financiero en cada área para la gloria de Dios. Pensando en eso, en nuestro último capítulo examinaremos nuestro deber financiero hacia los demás. Lo haremos mientras hablamos también de la importancia de cultivar en nuestras vidas una perspectiva eterna de la realidad.

7

GENEROSIDAD: RESULTADO DE UNA PERSPECTIVA ETERNA

En el capítulo anterior, vimos nuestros deberes financieros bíblicos frente a Dios, a nuestra familia, al gobierno y en cuanto a nosotros mismos. En este capítulo, nos proponemos estudiar la *generosidad* como nuestro deber bíblico hacia los *demás*.

Un diccionario secular define la generosidad como: «Tendencia a ayudar a los demás y a dar las cosas propias sin esperar nada a cambio».[22] Otro diccionario[23] usa el término «mano abierta» para definir al generoso, lo cual coincide con lo dicho por el Señor cuando exhorta a los hijos de Israel a ser generosos unos con otros: «No endurecerás tu corazón ni cerrarás tu mano a tu hermano pobre» (Dt 15:7). Es decir, el generoso «abre su mano» hacia los demás porque tiene un corazón sensible a sus necesidades.

Un diccionario de temas bíblicos la define como: «El otorgamiento sin coerción (gratuito) y sin esperar nada a cambio (liberal) de riqueza, posesiones o alimentos a otros».[24] En otras palabras, el generoso da porque quiere y no tiene expectativa de obtener algo a cambio.

Esa es exactamente la manera en que Dios ha vertido su gracia por medio de su Hijo Cristo Jesús, quien, sin ningún tipo de obligación o necesidad, se hizo hombre, vivió de manera perfecta, murió por los pecadores y resucitó al tercer día, como garantía de nuestra salvación. ¡Eso es generosidad!

Es bueno aclarar que la generosidad no solo se refiere a las posesiones materiales, sino que se muestra también con una actitud magnánima en todos los sentidos hacia aquellos que están en necesidad de cualquier naturaleza. Podemos y debemos ser generosos con nuestro tiempo, habilidades, dones, relaciones, etc. No obstante, en este capítulo, y en vista de alcance de este libro, nuestro enfoque será la generosidad que estamos llamados a tener hacia otros en el plano de lo material.

EL MODELO DE GENEROSIDAD

El modelo de generosidad por excelencia es Dios mismo. Él no nos pide que seamos generosos sin antes habernos mostrado una generosidad extraordinaria. Jesús dice: «Amen a sus enemigos y oren por los que los persiguen, para que ustedes sean hijos de su Padre que está en los cielos; porque Él hace salir Su sol sobre malos y buenos, y llover sobre justos e injustos» (Mt 5:44-45). ¡Dios es generoso con todos!

De hecho, la generosidad de Dios es evidente en la creación misma. Como economista te puedo asegurar que el planeta Tierra tiene más recursos de los que el ser humano requiere para su subsistencia. El problema de la pobreza o la escasez no es un asunto de provisión, sino de distribución. Si los recursos del planeta fueran distribuidos de otra manera, habría suficiente para alimentar y sostener a toda la población mundial y para suplir sus demás necesidades básicas. Bien dice el salmista: «Porque el SEÑOR te ha colmado de bienes» (Sal 116:7).

Dios también nos ofrece su sabiduría y Santiago nos dice que, si la pedimos, Dios la «da abundantemente y sin reproche» (Stg 1:5); en otras palabras, no nos reprenderá si la pedimos. Más aún, Él nos da de su Espíritu para que vivamos la vida cristiana (Ti 3:6). Y no solo eso. En la cruz, vemos la máxima expresión de generosidad de parte Dios (Jn 3:16). Jesús mismo nos dice: «Nadie tiene un amor mayor que este: que uno dé su vida por sus amigos» (Jn 15:13). El amor y la generosidad de Cristo son de tal magnitud que, colgado en la cruz, en un punto de máximo dolor, no dejó de interceder por quienes lo crucificaron y se burlaron de Él (Lc 23:34). Esto resulta increíble para nosotros. ¡Cuán abierta es la mano del Señor!

Cuando Dios reveló su nombre a Moisés, Él dijo: «El SEÑOR, el SEÑOR, Dios compasivo y clemente, lento para la ira y abundante en misericordia y verdad» (Éx 34:6). Su Palabra dice que sus misericordias son nuevas cada mañana (Lm 3:22-23). Él no se cansó de nosotros ayer y no lo hará hoy. No colmamos su paciencia porque hemos sido completamente justificados por medio Cristo Jesús (Ro 3:24-25). Su abundante amor por los suyos nunca dejará de ser.

Este es el modelo que la Escritura nos invita a seguir. Seamos imitadores de Dios. Cuando somos generosos, reflejamos a Dios mismo, el carácter más extraordinario del universo.

LA GENEROSIDAD EN EL ANTIGUO TESTAMENTO

El llamado a la generosidad está presente a lo largo de toda la Biblia. Por ejemplo, a los judíos se les ordenó, como parte de la Ley de Moisés, lo siguiente:

Cuando siegues la cosecha de tu tierra, no segarás hasta los últimos rincones de tu campo, ni espigarás el sobrante de tu cosecha. Tampoco rebuscarás tu viña, ni recogerás el fruto caído de tu viña; lo dejarás para el pobre y para el extranjero. Yo soy el SEÑOR su Dios (Lv 19:9-10).

Dios mandó a su pueblo a no cosechar hasta el último rincón de sus campos, para que los necesitados recogieran lo que allí quedaba. También para el beneficio de los pobres, el pueblo tenía que dejar el fruto que se caía en el proceso de cosecha (Dt 24:19-22). En ese entonces, las viudas, los huérfanos y los extranjeros eran las clases más desposeídas. En el libro de Rut, que vemos se nos muestra esa situación (Rt 2:1-5). Ella conoció a su esposo Booz porque él le permitió a esta forastera cosechar en parte de su campo de acuerdo con lo que establecía la Ley.

Hay algunas lecciones en estas leyes. En primer lugar, no procuremos tanto para nosotros, dejemos un margen para otros. Segundo, Dios no dijo: «Recoge lo que no sea para ti y dalo a los demás». En cambio, dijo: «Deja que ellos lo recojan; proporciona esa oportunidad para que ellos puedan proveer para sus necesidades de una manera digna». De esta forma, Dios provee el mecanismo para que los que tienen sean generosos, pero que también los necesitados trabajen para conseguir su sustento.

Sin embargo, a veces fallamos en esto. Solemos querer hasta el último peso para nuestros bolsillos. ¿No crees que Dios será capaz de proveer para ti aun si le dejas un poco más de propina al camarero que te atendió? ¿No sería Dios agradado si le pagas mejor a la persona que te ayuda en casa? ¿No crees que Dios aplaudiría si le pagas algo más al jardinero? A veces regateamos con personas con escasos recursos económicos que trabajan para nosotros o nos venden algo, para pagarles menos, en lugar de dejarles un «rincón para que cosechen» (Lev 19:9-10).

Al igual que nosotros, los judíos podrían haber argumentado: «Señor, ¿y si luego me falta algo?». Pero Dios ha prometido ocuparse de nosotros. De hecho, luego del pasaje citado de Levítico, Dios promete estar con su pueblo, hacerlo prosperar y sostenerlo (Lev 20:22-24). Con frecuencia, nuestra falta de generosidad es más una evidencia de nuestra poca confianza en la fidelidad de Dios y de nuestro egoísmo que de no tener para dar. Por supuesto, no podemos dar lo que no tenemos. Pero de lo que tenemos, hay un margen en que podemos ser generosos si es que estamos descansando en Dios para nuestro futuro.

De hecho, el Señor nos dice en el libro de Proverbios: «Hay quien reparte, y le es añadido más, y hay quien retiene lo que es justo, solo para venir a menos. El alma generosa será prosperada, y el que riega será también regado» (Pr 11:24-25). Esto no es «evangelio de la prosperidad», porque Dios tiene el derecho a no darnos nada, aunque seamos generosos. Pero el pasaje nos enseña que, en general, Dios prospera y recompensa de varias maneras al que reparte generosamente. Esta idea se repite múltiples veces a lo largo de Proverbios. «El generoso será bendito, porque da de su pan al pobre» (Pr 22:9). También: «El que se apiada del pobre presta al Señor, y Él lo recompensará por su buena obra» (Pr 19:17).

Proverbios sigue diciendo: «El que desprecia a su prójimo peca, pero es feliz el que se apiada de los pobres» (Pr 14:21); lo cual es muy parecido a las palabras del Señor, «más bienaventurado es dar que recibir» (Hch 20:35). Los que hemos tenido la oportunidad de compartir con quien necesita y hemos escuchado palabras de agradecimiento podemos dar testimonio del extraordinario gozo que se experimenta al dar. Y, aunque no reciba la gratitud, debo recordar que mi generosidad honra a Dios. Ciertamente, «el que oprime al pobre, afrenta a su Hacedor, pero el que se apiada del necesitado lo honra» (Pr 14:31). Dios se complace cuando somos generosos porque así reflejamos su corazón.

También leemos: «El que cierra su oído al clamor del pobre, también él clamará y no recibirá respuesta» (Pr 21:13). Ese versículo implica que Dios se niega a responder las peticiones de aquellos que no tienen compasión. ¿Cómo es esto? No sé cómo funciona exactamente, ¡pero no quiero verme en esa posición! Otra implicación de este pasaje es que la generosidad que Dios espera no es mecánica, sino sensible a la necesidad del otro. Es una generosidad que no solo «saca la billetera», sino que también abre su oído para conocer la condición del necesitado. Hemos de estar atentos a las necesidades de los que están a nuestro alrededor. La generosidad cristiana tiene su fuente en la compasión por el dolor ajeno. Pero, con frecuencia, no queremos prestar atención, ni siquiera nos atrevemos a preguntar porque nos comprometería; esto es cerrar el oído al clamor del pobre. No solo necesitamos abrir los oídos, sino también nuestros ojos: «El que da al pobre no pasará necesidad, pero el que cierra sus ojos tendrá muchas maldiciones» (Pr 28:27).

La expectativa de Dios con nuestra generosidad llega incluso hasta nuestros enemigos. Claro, fue eso lo que Dios hizo cuando mandó a su Hijo Jesús a morir por nosotros aún cuando éramos sus enemigos (Ro 5:10). El Señor nos ordena, «Si tu enemigo tiene hambre, dale de comer pan, y si tiene sed, dale a beber agua» (Pr 25:21). Esto no es fácil, pero Dios nos da la capacidad espiritual y la habilidad para hacerlo.

LA GENEROSIDAD EN EL NUEVO TESTAMENTO

La generosidad es elogiada y esperada de los creyentes una y otra vez en el Nuevo Testamento. Por ejemplo, leemos que Pablo aconseja a la iglesia: «… trabajando, *deben ayudar* a los débiles, y recordar las palabras del Señor Jesús, que dijo: "Más bienaventurado es dar que recibir"» (Hch 20:35, énfasis añadido). Si leemos ese pasaje en su contexto, veremos que Pablo era misionero a tiempo completo y, en ocasiones, recibía ofrendas; increíblemente, trabajaba con sus propias manos para no ser una carga para los demás y así ayudar a otros (1 Ts 2:9).

Por supuesto, entre aquellos que están en necesidad económica, hay quienes lo están por ser perezosos, por no haberse preparado o porque perdieron mucho tiempo. Ellos sufren las consecuencias de sus pecados, de su falta de orden y planificación. Sin embargo, aun así, su necesidad es real. Según nuestras posibilidades, podemos ayudar a esas personas no solo en lo material, sino también con consejo y consuelo para que puedan superar su situación.

Pero hay otros casos de personas que están en necesidad a pesar de que han hecho su mejor esfuerzo y este mundo caído «ha caído sobre ellos». Personas que no han tenido la oportunidad de formarse profesionalmente, gente que tiene limitaciones para manejar temas de envergadura y que, por tanto, no puede optar por trabajos bien remunerados. Otros, por cualquier razón, no lograron forjar relaciones significativas con amigos y compañeros que les facilitaran su avance en el mundo profesional. Todas estas situaciones, que no escapan al control de nuestro Dios y que algunos considerarían como «injustas», son reales y conducen a muchos a la escasez económica y a la necesidad. ¿Qué haremos los creyentes? ¿Los juzgaremos o los escucharemos y les abriremos nuestras manos?

Pablo exhorta a Timoteo con las siguientes palabras: «Enséñales a los ricos de este mundo que... usen su dinero para hacer el bien. Deberían ser ricos en buenas acciones, generosos con los que pasan necesidad y estar siempre dispuestos a compartir con otro» (1 Tim 6:17-18). Las personas con bienes de este mundo son llamadas a abundar en buenas acciones por los demás, a estar deseosas por hacerlas. Estar «dispuestos a compartir» implica buscar con diligencia oportunidades para ayudar. Implica también que una persona debe ser «fácil de convencer» cuando se trata de ser generoso con el que necesita.

Como hemos visto, Pablo elogia y pone de ejemplo a las iglesias de Macedonia, precisamente por la gran generosidad mostrada en una ofrenda que estaba siendo recogida en beneficio de la iglesia en Jerusalén (2 Cor 8). En la forma en que Pablo se expresa, vemos que estaba casi «sorprendido» de que esta gente haya dado tanto y con tan buena disposición. Me atrevería a decir que este pasaje es un «aplauso bíblico» a la generosidad.

En nuestra iglesia local, por la gracia de Dios, hay una hermana en particular cuyo corazón generoso me confronta. En una ocasión, se anunció un retiro de jóvenes en la iglesia, y ella se me acercó y me dijo: «Pastor, si hay algún joven, o varios, que no puedan asistir por razones económicas, quisiera ayudar». La iglesia no había pedido dinero para eso, pero ella estaba buscando oportunidades para dar.

En ocasiones, nos visitan pastores o profesores de seminario del exterior, a veces, con sus esposas. Una vez más, esa hermana está atenta a cualquier detalle con el que ella pueda ayudar. Incluso hace preguntas e indaga de qué forma ella puede ser de bendición. De eso se trata, estar «dispuestos a compartir con generosidad».

Las buenas obras a las que somos llamados no salvan ni dan mérito alguno ante Dios. Quienes creemos en el sacrificio de Jesucristo a nuestro favor sabemos que Él ya hizo todo lo necesario para que seamos salvos. Pero, como dijo Martín Lutero: «Dios no necesita mis buenas obras, mi vecino sí». Somos llamados a ser sal y luz en este mundo, «para que vean sus buenas acciones y glorifiquen a su Padre que está en los cielos» (Mt 5:16).

De hecho, el apóstol Juan pone en duda la salvación de alguien que manifiesta cierta insensibilidad hacia la necesidad de los demás: «Pero el que tiene bienes de este mundo, y ve a su hermano en necesidad y cierra su corazón contra él, ¿cómo puede morar el amor de Dios en él?» (1 Jn 3:17). Más adelante, también dice: «El que no ama a su hermano, a quien ha visto, no puede amar a Dios a quien no ha visto» (1 Jn 4:20). La falta de compasión y generosidad podría ser una indicación de falta de conversión.

En resumen, a lo largo de la Escritura, la generosidad es una virtud que Dios demuestra, elogia y ordena. Esta cualidad debe estar presente en los hijos de Dios.

LA MOTIVACIÓN PARA LA GENEROSIDAD

A la luz de esto, quisiera ahondar más en este tema y responder a la pregunta, ¿cuál es la motivación para ser generosos? Quisiera comenzar presentando lo que Jesús dice al respecto:

> No acumulen para sí tesoros en la tierra, donde la polilla y la herrumbre destruyen, y donde ladrones penetran y roban; sino acumulen tesoros en el cielo, donde ni la polilla ni la herrumbre destruyen, y donde ladrones no penetran ni roban; porque donde esté tu tesoro, allí estará también tu corazón (Mt 6:19-21).

¿Cuál es la lógica de Jesús en este pasaje? Él no niega el valor del ahorro, pues ya vimos que la Biblia nos estimula a ahorrar y conservar provisiones para nuestro futuro. En cambio, Jesús critica el atesorar de tal forma que la riqueza acumulada en la tierra sea nuestro ídolo, el acumular pensando que esos tesoros llenan nuestras vidas.

Es importante aclarar que hay quienes disponen de muchas posesiones materiales, pero, a pesar de esto, su «tesoro» no está aquí. Pero lo contrario también es posible, es decir, personas que no disponen de muchas posesiones, pero atesoran e idolatran sus pocos bienes. Hago esta observación porque solemos pensar que lo que plantea este pasaje es un problema solo de los ricos, cuando en realidad es un problema del corazón humano. Por eso quisiera repetir una vez más que nuestro Señor nos manda a cuidarnos de toda forma de avaricia (Lc 12:15). Hay pobres avariciosos, y hay ricos que no lo son porque tienen una perspectiva correcta de la riqueza.

Entonces, ¿qué es lo que Jesús dice de los tesoros? Su lógica es clara: no puedes desvivirte por los tesoros terrenales porque ellos solo son temporales y se deterioran; es insensato e ilógico poner toda tu pasión en la vida para conseguir cosas que no perduran, sea por deterioro o por robo. Por tanto, no tiene sentido poner nuestra esperanza y amor en las riquezas terrenales. Esta es una lógica de buen inversionista.

Randy Alcorn dice: «El argumento básico de Jesús en contra de la acumulación material no es que sea inmoral, sino que es una mala inversión».[25] A la luz de la eternidad, es mejor acumular e invertir en lo que no se deteriora y no puede ser robado. Lo que hayas acumulado en esta tierra no te servirá para nada al final. Cuando tu perspectiva está en el reino de los cielos, te verás motivado a hacer una mejor inversión.

¿Qué harías si te dijeran que la moneda de tu país va a desaparecer y que en su lugar circulará otra?. Si te enteras de que, dentro de un año, en tu país circulará otra moneda, lo lógico sería que ahorres en esa otra moneda porque la actual quedará en desuso; es obvio que no deberías dejar tus recursos en una moneda que no servirá en un año. De igual forma, ¿para qué dedicar todo nuestro empeño en acumular riquezas que se van a deteriorar o pueden ser robadas, cuando la «moneda» que circulará en el reino de Dios es de otra naturaleza o dimensión? Ese es básicamente el argumento de Jesús.

Surge la pregunta, ¿cómo acumulamos tesoros en los cielos? Aquí es donde entra la generosidad. El Señor lo explica en un pasaje paralelo al que vimos en Mateo 6:

Vendan sus posesiones y den limosnas; *háganse bolsas que no se deterioran, un tesoro en los cielos que no se agota,* donde no se acerca ningún ladrón ni la polilla destruye. Porque donde esté el tesoro de ustedes, allí también estará su corazón (Lc 12:33-34; énfasis añadido).

Según este pasaje, acumulamos tesoros en los cielos cuando somos generosos en la tierra. De hecho, Pablo también habla en concordancia con ese principio:

A los ricos en este mundo, enséñales que no sean altaneros ni pongan su esperanza en la incertidumbre de las riquezas, sino en Dios... Enséñales que hagan bien, que sean ricos en buenas obras, generosos y prontos a compartir, *acumulando para sí el tesoro de un buen fundamento para el futuro*, para que puedan echar mano de lo que en verdad es vida (1 Tim 6:17-19; énfasis añadido).

Hay relación entre la generosidad y la acumulación de tesoros celestiales. Nuestra perspectiva al respecto cambia la «apertura de nuestra mano». La expresión «el que se apiada del pobre presta al Señor» (Pr 19:17) tiene sentido porque Él nos pagará en su reino. Lo acumulado en la Tierra se queda aquí; lo que demos aquí nos esperará cuando lleguemos al cielo.

GRATIFICACIÓN POSTERGADA

Acumular tesoros en los cielos, por tanto, requiere una mentalidad capaz de dilatar la gratificación. Esto lo hacen, por ejemplo, los inversionistas, los atletas y los agricultores.

Tengo un familiar que tiene un campo con un tipo de árbol de madera que él sembró hace muchos años. Esa madera se podrá cosechar y vender recién dentro de dieciocho o veinte años. Yo me pregunto, «*¿En serio? ¿Ha estado invirtiendo dinero y esfuerzo para sacar algún provecho en veinte años? Dicen que esto es un* *gran negocio. Sí, puede ser, ¡pero en veinte años! ¿No es eso dema-siado tiempo?*» La verdad es que así funcionan muchas inversiones en el mundo. El punto es que la expectativa de una alta rentabili-dad y, sobre todo, de una rentabilidad «segura» los motiva a inver-tir en esto a pesar de ser a tan largo plazo.

Piensa ahora en un atleta corredor de cien metros planos. ¿Te parece lógico entrenar de manera intensa por varios años para competir en una carrera que dura apenas diez segundos? Es una inversión de años de entrenamiento, pensando en la gloriosa gra-tificación de una pequeña medalla bañada en oro. Claro, no pode-mos dejar de mencionar el reconocimiento del mundo de la hazaña de ganar una medalla de oro olímpica.

Doy estos ejemplos porque, cuando hablamos de hacer teso-ros celestiales, muchos cristianos no le ven sentido y no se expli-can cómo esto puede animarlos. Sin embargo, hay personas que, sin ser creyentes, viven así, invirtiendo sus vidas en cosas para obtener beneficios posteriores. A esto apunta la Biblia cuando nos llama a la generosidad. Así que, piensa en el futuro eterno, no en los próximos sesenta años. Piensa en las bolsas que no se deterioran, que Dios acumula a tu favor cuando abres tu mano al necesitado.

En otras palabras, la capacidad y la motivación para ser gene-rosos es un asunto de perspectiva. Cuando veo la generosidad como una inversión, una forma de reflejar a Dios, una bienaventu-ranza y un motivo de gozo, entonces quiero dar. Lo hago con gozo, como vimos que respondieron los macedonios a Pablo, cuando él quiso persuadirlos de que no dieran porque eran pobres. Pero ellos le insistieron y le rogaron a Pablo que los dejara participar del pri-vilegio de ayudar a los santos (2 Co 8:4). Y actuaron así porque se dieron a sí mismos al Señor primero (2 Co 8:3, 5). ¡Es un asunto de perspectiva! En otras palabras, «podemos intercambiar posesiones materiales que no podemos mantener, para ganar posesiones eternas que no podemos perder».

HACIA UNA PERSPECTIVA CORRECTA

Además de lo dicho hasta ahora, acumular en el cielo pone nuestro corazón en el lugar correcto. Como dice Jesús, «Porque donde esté tu tesoro, allí estará también tu corazón» (Mt 6:21). Es por eso que quiero presentarte tres preguntas que pueden resultar extrañas en un libro sobre finanzas, pero que son cruciales si queremos ser generosos:

1. ¿Qué tan real es el cielo para ti?

Muchos cristianos, incluyéndome, pensamos y hablamos muy poco sobre nuestro destino eterno. Recordemos la exhortación de Pablo en Colosenses: «Si ustedes, pues, han resucitado con Cristo, busquen las cosas de arriba, donde está Cristo sentado a la diestra de Dios. Pongan la mira en las cosas de arriba, no en las de la tierra» (Col 3:1-2).

Consideremos también lo que escribe el apóstol Pedro:

> Puesto que todas estas cosas han de ser destruidas de esta manera, ¡qué clase de personas no debéis ser vosotros en santa conducta y en piedad, esperando y apresurando la venida del día de Dios, en el cual los cielos serán destruidos por fuego y los elementos se fundirán con intenso calor! Pero, según su promesa, nosotros esperamos nuevos cielos y nueva tierra, en los cuales mora la justicia (2 P 3:11-13).

Todo en este mundo será destruido y por eso debemos vivir para el mundo venidero. Asimismo, el autor de Hebreos nos dice sobre Abraham: «Por la fe habitó como extranjero en la tierra de la promesa como en tierra extraña... porque esperaba la ciudad que tiene cimientos, cuyo arquitecto y constructor es Dios» (Heb 11:9-10).

Cuando tenemos en mente la realidad eterna y futura, nuestra actitud hacia la realidad presente cambia. Si voy de viaje a otro país por solo quince días, puedo llevarme ropa y algunas provisiones, pero mi corazón no está allí porque estoy de paso. Todo lo que hago es temporal porque sé que voy a regresar a mi casa. Asimismo, la forma en que entendemos el cielo cambiará nuestro nivel de generosidad y actitud en el presente.

2. *¿Qué tanto valor das a las recompensas eternas?*

Esta pregunta está implícita en la anterior, pero es preciso hacerla de manera más específica porque los cristianos también hablamos poco de las recompensas eternas que Dios nos ha prometido. Ciertamente hay una salvación a la que accederá todo aquel que ha puesto su fe en Cristo, pues hemos sido salvos por su sangre, pero la Biblia habla en múltiples ocasiones de coronas y recompensas además de la salvación.

No sabemos qué forma tendrán dichas coronas, si van a ser literalmente coronas, ni de qué naturaleza serán, pero lo cierto es que Dios las llama *recompensas* (2 Co 5:10; 1 Co 9:25; Gá 6:9-10; Heb 12:2). Si Dios las llama así, entonces deben ser algo *extraordinario*. Dios es el creador del gozo, el placer y la alegría máximos. Si Él nos dice que nos dará recompensas, ¿cómo no creer que será algo grandioso? Parte de esas recompensas, según entiendo, son los «tesoros en los cielos» de los que se habla en Mateo 5, Lucas 12 y otros pasajes.

3. *¿Qué tanta gloria quieres dar a Aquel que te salvó?*

Jesús nos habla de que somos la sal de la tierra y la luz del mundo (Mt 5:13-16). Ambos conceptos apuntan a nuestra influencia en el mundo, como hijos de Dios. Y al ejercer dicha influencia ocurrirá lo que el Señor indica: «Así brille la luz de ustedes delante de los hombres, para que vean sus buenas acciones y glorifiquen a su Padre que está en los cielos» (v. 16). Es por medio de nuestras buenas acciones que damos gloria a nuestro Salvador, para lo cual se necesita una vida de generosidad.

De la misma manera, Pablo exhorta a los corintios a vivir de tal forma que aun actividades cotidianas como comer o beber las hagan de modo que den gloria a nuestro Señor (1 Co 10:31). Si hay algo que refleja a Dios en nuestras vidas y lo glorifica ante otros es un espíritu de generosidad y entrega a los demás.

CONSEJOS PRÁCTICOS

Entonces, ¿cómo poner en acción la generosidad en nuestras vidas? Propongo los siguientes consejos prácticos:

1. *Proponte abrir los ojos y oídos a las necesidades de tu entorno*

A veces pensamos que para ser generosos hay que buscar un proyecto grande o internacional. Algo que sea con gente de otro continente y que esté «realmente» necesitada. La realidad es que alrededor nuestro hay personas que necesitan ayuda. A veces no necesitan dinero, sino atención. Empieza hablando con quienes te rodean, conoce sus necesidades, pregúntales por su familia. Pronto encontrarás cosas que te comprometerán, pero recuerda que es más bienaventurado dar que recibir. Abre tus ojos y oídos, y verás que cerca de ti hay múltiples oportunidades para invertir en otros y colaborar. Estoy diciendo «invertir» porque esa es la perspectiva correcta: se trata de una inversión en la eternidad.

Eso no significa que por cada necesidad que escuchas tienes que sacar la billetera y dar dinero. A veces se trata de orar por la persona. Podrías decirle, «Quisiera orar por ti»; «vamos a orar por tu papá»; «llevaré en oración esto que me dices». Orar por otros no es «salir del paso». ¿Y si Dios quiere conceder esa petición y resolver la situación en la que está la persona? Luego recibes el testimonio y juntos podrán dar gloria a Dios por su respuesta.

Cuando le digo a alguien «voy a orar por ti o por eso», usualmente me inclino en ese mismo instante. A veces, son oraciones de treinta segundos, pero son reales y he visto cómo Dios responde. Esta es una forma de ser solidario y estar presente para ayudar a otros.

2. *Deja de cosechar los «rincones de tus campos»*

Recuerda la orden de Dios a los israelitas a la hora de cosechar tu campo. Quiero ser muy práctico en este punto. Abramos un poco más las manos y paguemos algo mejor al que trabaja para nosotros. Si tenemos que ajustar salarios, sobre todo a gente que tiene ingresos significativamente bajos, hagámoslo con generosidad. Dejemos de pedir descuentos a la gente que nos vende servicios o productos y también ahorremos mejor. Cultivemos esa forma de pensar y actuar.

Aunque he cometido muchos errores a lo largo de mi vida en el plano financiero, algo que creo que hice bien en un momento dado fue decidir que, cuando hiciera algún negocio con alguien, procuraría que esa persona sintiera que la traté con justicia. Mi deseo era que quedara la impresión de que fue bueno hacer negocios conmigo. ¡Que Dios sea glorificado!

Esto a veces ha sido difícil para mí porque tengo una tendencia a buscar mi propio beneficio, pero recuerdo que, del otro lado, también hay un individuo que quiere obtener el mejor beneficio posible. Quiero que él vea en mí una imagen de Cristo y que entienda que mi objetivo no es explotarlo económicamente, sino hacer un trato justo y beneficioso. Eso es parte de la generosidad a la que nos llama Dios en su Palabra.

3. Sé presto a compartir y diligente en buscar oportunidades para dar

Cuando escuches sobre una necesidad, no lo pienses tanto. Si, por ejemplo, dices: «Déjame pensarlo; voy a orar por eso», sé diligente en dar una respuesta. Debemos ser sensibles y tener en cuenta que las necesidades económicas con frecuencia son apremiantes, es decir, no pueden esperar mucho. Con respecto a esta idea, el consejo de Santiago nos arroja luz:

Si un hermano o una hermana no tienen ropa y carecen del sustento diario, y uno de ustedes les dice: «Vayan en paz, caliéntense y sáciense», pero no les dan lo necesario para su cuerpo, ¿de qué sirve? (Stg 2:15-16).

Podemos sacar múltiples enseñanzas de este pasaje, pero lo que me interesa que notemos es que, cuando de necesidades económicas se trata, en ocasiones la espera resulta cruel. Si somos complicados y burocráticos para ayudar a otros, lo más seguro es que nunca terminemos ayudando.

Nuestra generosidad no solo debe ser «fácil de convencer», sino también diligente y proactiva en desplegarse. Con frecuencia, somos generosos de manera reactiva, es decir, damos cuando nos piden, pero no porque procuremos hacerlo. La generosidad de Dios hacia nosotros es proactiva: Él ha decidido hacernos bien y mandó a su Hijo a pesar de que nosotros no lo pedimos.

En este sentido, la mejor forma de ser diligentes y proactivos en nuestra generosidad es que, en nuestro presupuesto, reservemos un valor mensual, tal como lo hacemos con el ahorro. Ese valor puede ir formando un fondo hasta que encontremos, de manera diligente, una «buena obra» en la que invertirlo con generosidad.

CONCLUSIÓN

Cuando murió John D. Rockefeller, un empresario muy rico en los Estados Unidos, le preguntaron a su secretario cuánto había dejado el señor Rockefeller. La respuesta del secretario fue: «Lo dejó todo». Esa es la realidad de todo ser humano que deja este mundo. Todo lo que acumuló aquí se quedó aquí. Esta historia ilustra que, para un alma inmortal como la del ser humano, es un despropósito dedicar su vida a asuntos temporales. Necesitamos vivir a la luz de lo imperecedero y acumular tesoros celestiales, y la forma en que acumulamos esos tesoros es siendo generosos aquí en la Tierra.

Este es un deber financiero que tenemos hacia nuestro prójimo delante de Dios. Al ser generosos, reflejamos a otros el corazón de nuestro Padre y podemos experimentar la bienaventuranza del que da con la mirada puesta en lo eterno. El evangelio debe transformarnos de tal manera que nos lleve a vivir con una perspectiva eterna y nuestras manos abiertas.

CÓMO INVERTIR CON SABIDURÍA: PREGUNTAS Y RESPUESTAS

U n cambio en nuestro corazón inevitablemente trae un cambio en nuestras finanzas. Esta es la idea central de todo lo que has leído hasta ahora, mientras profundizamos en los principios vitales para manejarnos bíblicamente en las finanzas.

Nuestro enfoque ha sido más que simplemente preguntarnos cómo generar mayores ingresos, ya que lo que más necesitamos es una transformación en nuestro interior. Sin embargo, veo oportuno compartir algunas respuestas breves a preguntas comunes sobre cómo aumentar nuestros ingresos económicos y hacer buenas inversiones:

¿QUÉ CONSEJOS DARÍA A UN CREYENTE QUE QUIERE AUMENTAR SUS INGRESOS?

En primer lugar, le diría que evalúe por qué quiere aumentar sus ingresos, no sea que esto tenga una raíz de avaricia. Recordemos las advertencias de la Palabra al respecto. Muchas personas quieren aumentar sus ingresos porque quieren proyectar éxito y persiguen con intensidad desproporcionada la satisfacción y la seguridad que parecen ofrecer los bienes materiales. Es legítimo, hasta cierto punto, querer mejores ingresos, pero la avaricia y la codicia no deben gobernar nuestros corazones. Debemos ser cuidadosos de que nuestro deseo de mejores ingresos no nos lleven a un estado de insatisfacción o queja. No obstante, nuestro deseo bien podría provenir de aspiraciones legítimas, tales como mejorar los niveles de educación de mi familia, la calidad de los servicios de salud que recibimos o incluso ciertos aspectos de comodidad que son básicos hoy.

En segundo lugar, le exhortaría a revisar si está haciendo las cosas bien. Es decir, debe cerciorarse que lo que esté bajo su responsabilidad, sea empleado o propietario de un negocio, se está realizando con excelencia y poniendo su mejor esfuerzo, de manera que glorifique a Dios y beneficie a la gente que recibe su servicio o producto. Muchas veces, nuestros ingresos no aumentan sencillamente porque somos mediocres en cómo trabajamos y producimos. Si no estamos haciendo las cosas con esmero y entrega, necesitamos arrepentirnos ante Dios y cambiar la manera en que hacemos las cosas.

En tercer lugar, le diría que considere algunos pasos concretos para procurar esa mejoría de ingresos. Cuando se trata de un empleo, muchos no se atreven a solicitar mejoras salariales. En ocasiones, el supervisor está dispuesto a hacer esas mejoras, pero nunca ha recibido una solicitud o petición sobria y formal. Así que, luego de orar y pedirle a Dios sabiduría y gracia, le diría que proceda a tal solicitud, si entiende que está dando lo mejor de sí en su trabajo. Si su trabajo no se caracteriza por el esmero y la excelencia, pues lo sensato es que primero mejore su desempeño y luego de un tiempo prudente, haga la solicitud. Si el superior concede el aumento salarial, lo tomaría con agradecimiento y si no lo concede, no desmejoraría mi desempeño.

En cuarto lugar, le recomendaría buscar alternativas de formación para mejorar sus capacidades y mejorar con ello lo que hace. La formación y el conocimiento usualmente llevan a mejoras en los ingresos. Además, aprender una nueva destreza o capacidad pudiera permitir el generar ingresos de otras formas. En resumen, yo aprovecharía el tiempo libre para formarme y mejorar mis capacidades para ser un mejor trabajador y profesional.

Por último, luego de hacer todo esto, diría al hermano: sé paciente. Estas cosas no son inmediatas. Los ingresos no crecen con un chasquido de dedos. Tenemos que esperar mientras sembramos excelencia, creatividad y dedicación. Cosecharemos los frutos tarde o temprano.

Recordemos que Dios es el que da el poder para hacer riquezas (Dt 8:18). Sé paciente. Ora. Confía en la soberanía de Dios. En su tiempo, Él determinará el aumento de tus ingresos conforme a su voluntad. Mientras tanto, trabajemos con devoción y contentamiento, sin olvidar quién es el dueño de los bienes y cuál es nuestro papel como mayordomos.

¿CUÁLES FORMAS DE NEGOCIO SON LEGÍTIMAS Y CUÁLES NO?

Desde la creación misma, Dios plantó al hombre en el huerto del Edén para que lo cuidara y cultivara. Por lo tanto, el trabajo estuvo establecido desde antes de la caída y Dios dice que es algo bueno. Trabajar es una forma de representarlo a Él. Fuimos creados como entes productivos y parte de esa productividad ocurre cuando trabajamos para conseguir el sustento de los nuestros y hacer avanzar el reino de Dios de diferentes maneras, incluyendo el beneficio de los demás a través de cualquier labor que hagamos o servicio que prestemos.

Esta percepción bíblica del trabajo fue muy enfatizada por la Reforma protestante en los siglos XVI y XVII. El trabajo del ser humano, aunque no sea clerical (es decir, en la iglesia), es digno porque es parte de los propósitos de Dios para la humanidad. No obstante, después de la caída (Gn 3), toda la creación fue deteriorada por el pecado y sus consecuencias. Debido a esto, ahora hay formas de trabajo que son ilegítimas y pecaminosas.

Entonces, ¿cómo podemos determinar que un trabajo o negocio es legítimo o válido? A continuación, mencionaré tres criterios a considerar a la hora de discernir la legitimidad de un trabajo o negocio y aunque puede haber otros, en mi experiencia, los siguientes los he encontrado particularmente útiles.

En primer lugar, debemos evaluar si el servicio o producto que ofrecemos es uno que puede ser ofrecido a Cristo, si suple una necesidad válida del ser humano, es decir, si no hay ningún cuestionamiento moral o ético en lo que ofrecemos.

En segundo lugar, examinemos si la forma en que lo estamos *promoviendo* también es moralmente incuestionable. La Palabra dice que somos llamados a ser santos en toda nuestra manera de vivir (1 P 1:15). A veces se usan recursos audiovisuales y argumentos engañosos para promover o vender un servicio, lo cual sería incorrecto. Debemos mantenernos alejados de tales prácticas.

En tercer lugar, observa la manera de operar de la actividad que estás considerando. Hay productos y servicios que son legítimos y promovidos de manera apropiada, pero que en lo interno operan de una manera que no es ética o íntegra. Por ejemplo, cuando hay maltrato a los empleados o evasión de impuestos. Si para subsistir en una actividad, «debo» actuar en contra de la Palabra, entonces Dios no me quiere allí. No es el negocio en el que yo debería estar.

¿QUÉ DEBE HACER UN CRISTIANO INVOLUCRADO EN UN NEGOCIO FRAUDULENTO?

Lo primero que debemos hacer es definir qué es un fraude. Según el diccionario, se trata de un engaño económico con la intención de conseguir un beneficio y con el cual alguien queda perjudicado.[26] Es decir, un negocio fraudulento sería uno en el que yo procedo afectando negativamente a otra persona, entidad o empresas con el propósito de tener un beneficio por encima del que tendría de no haber hecho el fraude. En otras palabras, un negocio fraudulento es uno que roba, que se queda con recursos de otros.

Por ejemplo, alguien comete fraude contra el fisco al mentir en su declaración de impuestos, tergiversando las ventas de sus empresas. También puede hacerlo contra sus clientes, cuando promete algo que no entrega mientras cobra por eso. También puede ser fraudulento el trato de un empleado hacia la empresa que lo contrata si esa persona reclama el pago de ciertas comisiones por ventas que no hizo en realidad. En todos los casos, quien comete fraude está obteniendo recursos que no le corresponden.

La Biblia, hablando del cambio que debe producirse en la vida de los creyentes cuando conocen a Cristo, dice: «El que roba, no robe más, sino más bien que trabaje, haciendo con sus manos lo que es bueno, a fin de que tenga qué compartir con el que tiene necesidad» (Ef 4:28). El creyente que está en un práctica o negocio fraudulento debe dejarlo inmediatamente; tiene que salir de allí y tiene que parar las prácticas deshonestas. Las implicaciones pueden ser significativas, pero continuar en un negocio así no es permisible cuando vivimos bajo el gobierno de Dios. En algunas ocasiones, cuando sea posible, debe restituir el daño producido. Estamos hablando de restaurar en la medida de lo posible los valores sustraídos a otros. Esa es mi recomendación.

¿QUÉ DEBERÍA PENSAR UN CRISTIANO SOBRE INVERTIR EN LA BOLSA?

Para empezar, recordemos que es sabio invertir nuestros ahorros de manera adecuada. La bolsa es un mercado de activos financieros donde las empresas o el estado, para captar recursos, ofrecen en venta instrumentos financieros. Los que tienen recursos (que pueden ser inversionistas individuales [personas] o empresas con excedente de efectivo) pueden comprarlos. Cuando hablamos de «instrumentos financieros» nos estamos refiriendo a acuerdos en los que una parte, como una empresa o un estado, recibe de un inversionista, bajo ciertas condiciones, una determinada cantidad de recursos.

En términos generales, hay dos tipos de instrumentos financieros que pueden ser adquiridos en la bolsa. Están los instrumentos de renta fija, que dan un porcentaje específico de rendimiento al año, independientemente de la situación. Por otro lado, están los instrumentos de renta variable, donde el rendimiento depende de otros factores como, por ejemplo, los beneficios de una compañía. Este es el caso de las empresas que venden acciones y, dependiendo de cómo le vaya a la empresa, esta pagará un rendimiento.

La bolsa, debido a que es un mercado, es una alternativa de inversión para cualquier persona, incluyendo los cristianos. Entonces, la pregunta sería más bien, ¿en qué sería sabio invertir?

Una persona que quiere invertir de manera sabia puede comprar instrumentos de renta fija o variable. No obstante, dentro de estos instrumentos, hay algunos de mayor riesgo que otros. Hay una categoría de riesgo más allá de la cual el instrumento no es considerado como una inversión, sino como una especulación; es considerado como inseguro, pues la probabilidad de que me retorne mis recursos es relativamente baja. Por tanto, si soy sabio y quiero ser un buen mayordomo de los recursos que Dios me ha dado, debería mantenerme alejado de ese tipo de instrumentos.

Ahora bien, un inversionista puede tener distintos niveles de preferencias por riesgo, lo que los técnicos llamarían «distintos niveles de apetito por riesgo». Por ejemplo, las personas jóvenes pueden estar dispuestas a asumir más riesgos que las personas mayores porque, si les va mal con una inversión, tienen más tiempo para recuperar la pérdida que sufrieron. Una persona cerca de su edad de retiro no debería poner recursos en instrumentos de riesgo alto, pues, si pierde, no tiene tiempo para recuperar la pérdida. La bolsa como mercado ofrece de todo. Por tanto, como cristiano, debo discernir qué instrumentos son adecuados para mí según el nivel de riesgo que quiero manejar.

Quisiera enfatizar que la inversión en la bolsa debe tener ciertos criterios de sensatez. Por ejemplo, si invierto en las acciones de una empresa (instrumento de renta variable), yo debería tener algún conocimiento de lo que la empresa hace y cómo obtiene dinero, de manera que la inversión en la bolsa no se convierta para mí en una apuesta. Es decir, en estas condiciones, mi inversión en la bolsa sería una actividad básicamente especulativa, «tipo apuesta».

También, la sabiduría de la Biblia nos llama a poner nuestros recursos en inversiones de las que tengamos algún conocimiento de la actividad que realizan. Lo contrario sería irresponsable. Necesitamos tener un criterio sobre el tipo de empresa en que vamos a invertir los recursos. Por ejemplo, un creyente debería mantenerse alejado de financiar negocios que están en contra de nuestros principios y valores.

¿QUÉ DEBERÍAMOS PENSAR SOBRE LOS NEGOCIOS PIRAMIDALES O MULTINIVELES?[27]

Los negocios multiniveles son esquemas diseñados para vender un determinado producto o servicio. Su funcionamiento consiste en vender a consumidores finales que, en algunos casos, son invitados a incorporarse como distribuidores independientes.

En caso de aceptar la invitación, dichas personas venderán también el producto, y la persona que originalmente hizo la propuesta recibirá cierto beneficio, a veces llamado «comisión residual». A su vez, los nuevos distribuidores invitan a otros. La red crece de esta forma, y se producen comisiones residuales «en cascada». Es decir, cada persona en los niveles superiores de la red recibe cierta porción de los negocios producidos por la red. Este esquema ha sido la base de negocios de múltiples corporaciones de alcance mundial.

No existe ninguna razón *a priori* para descartar los negocios multiniveles como fuente legítima de ingresos. Sin embargo, hay al menos tres aspectos que debemos considerar:

1) Que el producto sea legítimo. En el afán desmedido por las ganancias, hay empresas dispuestas a ofrecer productos o servicios que no funcionan como se promete, ni cumplen las garantías que ofrecen. Un cristiano no debería ser parte de ninguna empresa que ofrezca algo que no funciona o que prometa algo que no cumplirá. El cristiano debe, en lo posible, ser testigo personal de que lo que ofrece funciona. En pocas palabras, prueba primero antes de ofrecer.

2) Recuerda que no todos tus hermanos son clientes. Debido a la presión por tener más compradores, el cristiano debe cuidarse de no convertir a todos sus hermanos en la fe en clientes de sus productos. El vendedor cristiano vende con el propósito de servir en su entorno. Por tanto, hay una diferencia entre vender por vender (es decir, simplemente para ganar dinero) y vender para servir. Así que deberías ofrecer tu producto o servicio a aquellos creyentes relacionados que realmente necesiten lo que ofreces. Luego de ofrecerlo, no es bueno insistir, porque en primer lugar es tu hermano, no tu cliente. Si él necesita lo que ofreces, recurrirá a ti.

3) Formar parte de una red versus compartir su filosofía. La mayoría de estas redes de negocios multiniveles promueven una filosofía de vida materialista y frívola. Es común que hagan reuniones de vendedores en donde se presentan uno o varios casos de éxito, personas que se han hecho ricas por ser distribuidores. Esto funciona como un combustible para la red. Ten cuidado y no creas el mensaje de que el éxito consiste en tener más dinero. Resiste la tentación de poner tu esperanza en las riquezas. En este mundo caído, no todo es tan simple como parece. Por eso debemos examinarlo todo y retener lo bueno (1 Ts 5:21).

¿ES SABIO INVERTIR NUESTROS AHORROS EN CRIPTOMONEDAS Y MONEDAS EXTRANJERAS?

Al hablar de este asunto, lo primero a enfatizar es que es sabio ahorrar, en sentido general, como ya hemos visto en el capítulo tres. La Biblia estimula y elogia la actitud de ahorro. Ahorrar es un acto de humildad y un reconocimiento de la soberanía de Dios (el que ahorra reconoce que no sabe lo que pasará; no tenemos control del futuro, así que debemos prepararnos para cualquier eventualidad). Entonces, ¿cuáles son las maneras más sabias de ahorrar?

El ahorro en moneda extranjera es un mecanismo común en muchos países. En Latinoamérica, por lo general, ha habido historias de inflación e inestabilidad cambiaria (es decir, inestabilidad de la moneda del país con respecto a otras monedas). Por esta razón, muchos, en países con volatilidades altas en su inflación y monedas, han preferido monedas como el dólar y el euro como un mecanismo de ahorro. Yo diría que esto, en sentido general, está bien porque estas otras monedas (conocidas por los economistas como «monedas duras») usualmente mantienen su valor en el tiempo, a diferencia de la moneda local.

Por supuesto, algo muy diferente es que una persona decida usar monedas extranjeras e invertir en ellas para obtener ganancia de los aumentos del valor de esa moneda, lo cual sería usar la moneda extranjera y sus variables como un mecanismo para ganar dinero. Esto no lo recomiendo mucho porque es un manejo especulativo de los recursos. El ahorro, entonces, no se estaría refugiando en la estabilidad de la moneda, sino que estaríamos usando el ahorro como una forma de apostar a que una moneda cambie de valor y yo gane recursos por eso. En resumen, recomiendo el ahorro en moneda extranjera (sobre todo cuando hay volatilidades altas en la moneda local), pero sin propósitos especulativos.

Por otro lado, el caso de la criptomoneda es diferente. Sin entrar en detalles, esta es un registro electrónico de un activo. Desde el 2009, aproximadamente, con el surgir del *bitcoin*, ha habido mucha especulación sobre lo que significa, representa e implica esta criptomoneda. Hoy en día, yo no las recomiendo como un mecanismo de ahorro sabio, ya que los factores que mueven el valor de una criptomoneda son, para muchos, desconocidos. Invertir en una criptomoneda, más que un ahorro o inversión, sería, de nuevo, una iniciativa especulativa.

Oro al Señor para que estas breves respuestas puedan ser de utilidad al lector mientras procura dirigir sus finanzas conforme a la Palabra.

APÉNDICE 2

CÓMO ELABORAR TU PRESUPUESTO FAMILIAR

L a guía que tienes aquí es un proceso sugerido para preparar un presupuesto familiar. Es un complemento para la hoja de cálculo suministrada en el siguiente enlace: https://integridadysabiduria.org/recursos-finanzas/

PRINCIPIOS PARA ELABORAR UN PRESUPUESTO FAMILIAR

Estos son los principios para tener en cuenta al preparar un presupuesto familiar. En ellos se resumen muchas de las lecciones que aprendimos en este libro:

1. Entenderé lo que «tengo» como algo que pertenece a Dios.
2. Viviré dentro de mis posibilidades; es decir, evitaré la deuda.
3. Mi ahorro será intencional; es decir, me propondré metas de ahorro.
4. Mi aporte a la obra de Dios será intencional.
5. Trataré de «abrir mis manos» y dispondré alguna cantidad para ser generoso.
6. Seré diligente en cumplir mis compromisos fiscales.
7. Si soy casado(a), elaboraré mi presupuesto en coordinación con mi cónyuge.

PASOS PARA ELABORAR UN PRESUPUESTO FAMILIAR:

1. Identificar ingresos. Se deben identificar todos los ingresos *netos* recibidos de cualquier fuente y en cualquier fecha. La palabra «netos» tiene que ver con que sean los ingresos luego de pagar los impuestos correspondientes y haber deducido otros descuentos legales como seguridad social. Los ingresos, además, se pueden clasificar en tres tipos:

    a. *Recurrentes fijos.* Son aquellos que son sistemáticos o regulares, tales como salarios, intereses recibidos, alquileres recibidos por propiedades, ayudas regulares recibidas, etc. Se deben incluir aquí también aquellos ingresos que se reciben de manera regular, aunque no sea mensualmente como, por ejemplo, inversiones que generan intereses cada tres o seis meses.

Nota: Es necesario identificar todas las partidas de este tipo de ingreso y sumarlas en un cuadro. Se debe incluir solo lo «neto», es decir, lo que efectivamente se recibe.

b. *Recurrentes variables.* Son aquellos regulares en cuanto a periodicidad, pero cuyo monto es variable. Ejemplos de estos ingresos son: comisiones mensuales, bonificaciones anuales, ganancias recibidas de inversiones en empresas, etc.

Nota: En este espacio se debe colocar el promedio de estos ingresos. Se debe tener cuidado en suponer que «las cosas irán bien» y entonces considerar como ingreso variable un valor más alto del que finalmente será.

c. *Ocasionales.* Estos son ingresos que no se pueden proyectar. Por ejemplo, puede ser un bono no esperado, algún regalo de un familiar, etc.

2. *Identificar gastos.* Se deben identificar todos los gastos que la familia tiene o podría tener, sea cual fuera su monto o periodicidad. Hay que tener en cuenta que siempre hay imprevistos; por tanto, debemos estar apercibidos.

a. *Gastos recurrentes fijos.* Son los que se tienen de manera regular y cuyo monto es cierto o conocido. Debemos tener muy en cuenta que estos gastos pueden tener cualquier periodicidad, es decir, desde mensuales a anuales. Por ejemplo: alquiler, pago de préstamo, cuota de mantenimiento, matrícula de colegio, celular, seguros, etc.

Nota: Hasta cierto punto, sobre estos gastos no se tiene mucho control a menos que se deje de contratar un servicio o se cambien las condiciones. Por ejemplo: el alquiler de la vivienda es el mismo a menos que se cambie de propiedad. Otro caso sería el pago del plan de llamadas del teléfono, que sería mensualmente el mismo, a menos que se cambie de plan o la compañía cambie sus condiciones de servicio.

b. *Gastos recurrentes variables.* Son los gastos que se tienen de manera regular y cuyo monto no es conocido de manera exacta. Por ejemplo: alimentación, mantenimiento de vehículo, entretenimiento, ropa, etc.

c. *Gastos no recurrentes o imprevistos.* Son gastos que se tienen de manera irregular y cuyo monto es incierto o desconocido. Por ejemplo: regalos, avería mayor de algún equipo, gasto inesperado de salud, etc.

Nota: Se tiene poco control sobre estos gastos, precisamente, porque son inesperados y desconocidos. Parte de la razón del ahorro es anticiparnos a que habrá situaciones que atender que son desconocidas al momento de hacer el presupuesto.

RECOMENDACIONES PARA EL USO DE LA PLANTILLA

Por último, unas palabras finales sobre cómo usar la plantilla complementaria. En la parte superior presenta este resumen, según los montos de ingresos y egresos que se hayan registrado:

RESUMEN DE PRESUPUESTO	
Ingresos Totales	280
Recurrentes - Fijos	220
Recurrentes - Variables	58
Otros ingresos	2
Gastos Totales	245
Recurrentes - Fijos	140
Recurrentes - Variables	80
Otros gastos	25
Superávit/(Déficit)	35

Es importante notar que, en caso de que el concepto «Superávit/déficit» sea negativo (es decir, que las finanzas de la familia presenten un déficit), la primera acción a realizar sería ver cómo reducir los «Gastos recurrentes variables». En caso de que no se logre eliminar el déficit luego de reducir y ajustar dichos gastos, la familia tendría que reducir los «Gastos recurrentes fijos». Recomiendo este orden en vista de que un tipo de gasto es más sencillo de reducir que el otro y de esta forma la familia puede llegar a resolver más rápidamente su situación.

Es mi oración que este recurso práctico pueda ser hallado útil por todo el que decida utilizarlo.

APÉNDICE 3

SOBRE LAS DEUDAS PARA LA VIVIENDA Y EL AUTO

En el capítulo cinco hablamos sobre cómo una deuda puede ser legítima cuando el propósito de ella es que podamos realizar una compra significativa de un bien necesario y que se ajuste a nuestra realidad económica. Pensando en eso, quisiera compartir algunos consejos prácticos para manejar sabiamente las deudas a la hora de adquirir una vivienda y un auto. Son dos bienes que se podrían considerar necesarios hoy y que, por lo que cuestan, a menos que se recurra a un préstamo para comprarlos, no resultan asequibles para la mayoría.

MANEJANDO LA DEUDA PARA LA VIVIENDA

Si un joven se muda, ya sea para vivir solo o con su cónyuge, lo más normal es que requiera de un préstamo para poder adquirir una vivienda.

Vivir en algún lugar, sea en vivienda rentada o comprada, implicará un costo. La lógica financiera de tomar un préstamo para una vivienda es que el pago al préstamo sea equivalente o incluso menor a lo que se tendría que pagar por un alquiler. Bajo estas condiciones, es preferible comprar la vivienda con un préstamo porque se tiene el beneficio de que se está pagando por algo propio. Cuando se alquila, se paga, pero no queda nada.

En adición a lo anterior, al comprar una vivienda, se tiene el beneficio de una potencial ganancia en valor, lo que típicamente se denomina «plusvalía». Y, más aún, hay un beneficio emocional de saber que se tiene algo propio.

En este sentido, a la hora de considerar un préstamo para adquirir una vivienda, te sugiero que tomes en cuenta los siguientes consejos:

- *Procura plazos menores.* Esto es así por una razón aritmética: mientras menor es el plazo del préstamo, menores son los intereses que se pagan. Cuando estés gestionando el préstamo, pide que te muestren lo que se pagaría a diez, quince y veinte años. Te darás cuenta de que no vale la pena extender los plazos por la poca diferencia que a veces existe entre uno y otro.

- *Intenta entregar el mayor depósito inicial que puedas.* Usualmente los financiamientos de viviendas son por un porcentaje del valor, que puede ser hasta del noventa por ciento. No obstante, hay mercados en los que se financia el cien por ciento del valor. Recomiendo tener *al menos* el veinte por ciento del valor de propiedad antes de adquirirla usando un financiamiento para pagar el resto. En general, mientras mayor es el depósito inicial, menor es la cuota y menor es el monto de intereses a pagar en el plazo del préstamo. En caso de que la situación económica se complique y se tenga que vender la propiedad por cualquier motivo, se tiene más valor propio, es decir, el porcentaje de la vivienda que le pertenece al propietario es mayor. De esta forma, ante una eventual venta, se puede usar dicho porcentaje para bajar el precio, vender la vivienda más rápidamente y poder pagar al banco todo el compromiso restante. En resumen, mientras mayor es el depósito inicial, menor es el riesgo financiero que asumo de tener una vivienda financiada, porque, si tengo que salir de este compromiso, lo puedo hacer con más facilidad.

• *Calcula la capacidad de pago según el ingreso de solo uno de los cónyuges.* Tengamos presente el consejo bíblico: «El prudente ve el mal y se esconde, pero los simples siguen adelante y son castigados» (Pr 22:3). Es como dice el conocido refrán: «guerra avisada no mata soldado». A veces, un matrimonio joven quiere comprar una vivienda y asume una deuda calculando el ingreso de los dos. Pero, si uno de ellos pierde su empleo, lo cual es una posibilidad durante los diez o quince años que suele durar un préstamo de este tipo, la cuota que aceptaron pagar puede quedarles muy grande. Ambos deben anticipar esta clase de situación. Mi recomendación es que hagan el presupuesto según uno solo de los ingresos. A lo sumo, un salario más la mitad del otro, para tener un margen. Nunca nos endeudemos hasta nuestra capacidad máxima, porque podría venir un imprevisto.

- *Considera los otros gastos de la vivienda además de la cuota.* Ten en cuenta los costos de mantenimiento, los gastos incidentales, los seguros, los impuestos, etc. Hay personas que compran un apartamento o una casa, y viven en un proyecto cerrado donde deben pagar gastos comunes que se incrementan cada cierto tiempo por mantenimientos necesarios, por ejemplo. Siempre hay conceptos adicionales para pagar además de la cuota del crédito.

- *Entiende que la primera vivienda es solo la primera vivienda.* Es entendible querer que la primera vivienda que compremos sea «la casa soñada». Sin embargo, la realidad es que llegar a esa vivienda anhelada, con el espacio deseado para todos los niños que deseamos tener, puede tomar mucho más tiempo. Esta es una aspiración legítima, pero no puedes traer al presente todo el gasto que ese futuro representaría, porque entonces entrarás en un régimen financiero que no podrás cumplir o que cumplirás a costa de un gran estrés. Es mejor avanzar un escalón a la vez: comprar una primera vivienda, permanecer algunos años allí y pagar ese lugar. Luego, vender esa vivienda para comprar una propiedad de mayor nivel. Compremos conforme al presupuesto que tengamos en el momento y seamos pacientes.

- *Evita penalidades por amortización anticipada.* Al leer el contrato del crédito, trata de encontrar la cláusula sobre amortización y cuánto puedes abonar al capital, sin incurrir en costos. Cuando tomas un financiamiento para una vivienda a diez años, por ejemplo, y quieres abonar al capital una cantidad cualquiera, hay instituciones que te imponen una penalidad significativa para que no hagas eso, para que así llegues hasta el plazo final del préstamo. Hay gente que firma contratos y no mira estos detalles, pero es necesario estar atentos. Esto es importante porque, cuando te endeudas por muchos años, siempre hay ocasiones en las que recibes algún ingreso adicional, y lo ideal es que, si tienes préstamos, puedas abonarle. De esta forma podrías pagar el préstamo antes del plazo establecido y ahorrarte intereses.

Este es un ejemplo de lo hablado hasta ahora sobre el financiamiento de viviendas:

ANÁLISIS DE PRÉSTAMOS A DIVERSOS PLAZOS

	PRÉSTAMO 1	PRÉSTAMO 2	PRÉSTAMO 3
Plazo en años	10	15	20
Monto	150.000	150.000	150.000
Tasa anual	8,5%	8,5%	8,5%
Cuota a pagar por préstamo	1.860	1.477	1.302
Diferencia entre una cuota y otra		(383)	(175)
Total pagado en todo el plazo	223.200	265.860	312.480
Intereses pagados	73.200	115.860	162.480
Intereses pagados en % de deuda	48,8%	77,2%	108,3%

Aquí tenemos tres plazos de préstamo a considerar: a 10 años, a 15 años y a 20 años. Tomaremos, como ejemplo, un préstamo de 150.000 unidades monetarias.* Sería, entonces, un préstamo de $150.000 a una tasa de 8,5% anual, lo que genera una cuota mensual de $1.860 (10 años), $1.477 (15 años) y $1.302 (20 años).

---

*Unidad monetaria puede ser la moneda de cualquier país. El ejercicio no es alterado por el tipo de moneda que se esté considerando.

Con esos datos, al final del período de 10 años, el total pagado será de $199.800, lo que implica que se habrá pagado unos $73.200 de intereses al final de esos 10 años, por haber tomado prestados los $150.000. Esto es equivalente a un 48,8% más de lo que se tomó prestado. Si el plazo del préstamo fuera de 15 años, los intereses pagados serían de $115.860, es decir, 77,2% pagados como interés al final del período. Finalmente, si el plazo fuera de 20 años, los intereses pagados serían de $162.480, lo que es un 108,3% más de lo que se tomó en préstamo. Ahora puedes entender por qué no me gusta pagar intereses.

En vista de que estos préstamos son a 10, 15 o 20 años, uno a veces no suele sentir que paga tanto dinero. Pero, si te dijeran de entrada: «Te voy a prestar $150.000 para que me devuelvas $312.000», seguro te sorprendería. Simplemente no nos damos cuenta de cómo afectan los intereses, pero son una carga pesada. ¿Cómo se puede minimizar esa carga? Ahí es que son importantes los principios compartidos. Mientras menor es el plazo, mejor; mientras mayor el depósito inicial, mejor. En ambos casos, el monto de intereses a pagar será menor al final del período.

Considera de nuevo la tabla: entre 15 y 20 años, la diferencia de la cuota es apenas $175 por mes, es decir, de aproximadamente un 10% de la cuota a pagar en el préstamo de 15 años. Para mí, es evidente que es preferible pagar por 15 años en lugar de 20 años, una cuota un 10% superior. Estas son la clase de consideraciones que uno debe tener en cuenta al tomar un financiamiento.

Una última recomendación: tan frecuentemente como sea posible, abona al préstamo más allá de lo establecido en las cuotas. De esta manera, acortarás el plazo y con ello, pagarás menos intereses durante el plazo del préstamo.

MANEJANDO LA DEUDA PARA EL VEHÍCULO

Con respecto a cómo manejar sabiamente el préstamo para adquirir un auto, a continuación, doy algunas recomendaciones. Debo decir que algunas de las siguientes consideraciones serán similares a las ofrecidas para el caso del préstamo para la vivienda, en vista de que estamos hablando de lo mismo, es decir, de un préstamo. En este sentido, a la hora de endeudarte para adquirir un auto, toma en cuenta lo siguiente:

- *Considera un vehículo usado.* Soy de la opinión de que comprar un vehículo usado, de dos años de uso aproximadamente, es la mejor opción. Incluso con ese tiempo de uso, muchas instituciones financieras todavía dan financiamiento como si fuera un auto nuevo. Esto es mejor porque puedes conseguir descuentos de hasta el 35% de su valor de nuevo.

- *Considera un vehículo con alto valor de reventa.* A todos nos toca vender nuestro vehículo luego de que lo hemos usado por cierta cantidad de años. Todos los vehículos pierden valor conforme pasa el tiempo. Pero no todas las marcas y los modelos bajan de valor en la misma proporción. Lo ideal es poder comprar aquellos modelos que tienden a disminuir poco de valor, es decir, que, al momento de venderlos, mantienen un alto valor de «reventa». No te dejes llevar solo por el auto que te gusta, sino que considera que sea, hasta cierto punto, la mejor inversión posible. Esta recomendación se basa en que, si en nuestra vida útil, cambiamos unas cinco veces de auto y, cada vez que lo hacemos, perdemos una cantidad, digamos, de $12.000, esto implicará que habremos perdido unos $60.000 solo por cambios de autos. Sería financieramente sabio tratar de reducir esa pérdida al mínimo.

- Además, si en algún momento no puedes pagar el financiamiento que adquiriste para el vehículo, tener uno que tenga un buen valor de reventa te ayudará a venderlo más rápido, a mejor precio y a poder saldar el préstamo luego de venderlo.

- *Busca que tu depósito inicial sea lo más alto posible.* Al igual que con la vivienda, a mayor depósito inicial, menor será la cantidad de intereses que tendrás que pagar. Por ejemplo, si tienes $5.000, ¿por qué no comprar un vehículo de $14.000, en lugar de uno de $24.000? En el primer caso solo te faltaría el 65% y los intereses a pagar serían mucho menores.

- *Considera el costo de mantenimiento.* Esto no se puede ignorar, ya que hay grandes diferencias entre el costo de mantenimiento de cada vehículo.

- *Amortiza tanto como puedas.* Igual que en el caso del préstamo para la vivienda, revisa en las cláusulas del contrato y asegúrate de que la institución no imponga penalidades por la amortización anticipada o que la penalidad sea baja.

Hay personas que tienen muchos recursos y no le prestan atención a este tipo de cosas. Se dan licencia para tener «desperdicios» en inversiones no sabias y créditos con demasiados intereses.

También hay quienes tienen pocos recursos, pero no consideran tampoco todos estos asuntos y terminan usando el dinero de manera ineficiente. Por tanto, aquí debemos volver al criterio bíblico: no somos dueños de lo que Dios ha puesto en nuestras manos. Somos llamados a ser buenos mayordomos.

APÉNDICE 4

ERRORES A EVITAR EN EL MANEJO DE MIS FINANZAS PERSONALES

El siguiente artículo fue publicado originalmente en la página de Coalición por el Evangelio. He decidido incluirlo como apéndice porque entiendo es un buen resumen de muchas de las enseñanzas expuestas en este libro. Al ser un resumen, se convierte en un recurso didáctico para poder repasar y recordar lo aprendido.

Por: Héctor Salcedo

Además de pastor, soy economista. Esa combinación de vocaciones me ha colocado en una posición única para escuchar la manera como muchos hijos de Dios (cristianos) enfrentan su realidad financiera personal. Lo que he encontrado es que muchos cristianos manejan su economía de espaldas a principios bíblicos, razón por la cual tienen que enfrentar problemas que pudieron haber evitado.

En este sentido, en lo que sigue de este breve artículo, presentaré cinco errores comunes en el manejo financiero personal. No se trata de una lista exhaustiva, sino de simples observaciones que he hecho en mi labor de «pastor economista».

1. Vivir al «límite»

Es gastar todo o casi todo lo que se recibe como ingreso. ¡Muchos viven en ese límite! Esto implica que, cuando se presentan los imprevistos, que siempre ocurren, aparece un déficit. Los imprevistos no son tales si se anticipan. Han sido muchas las ocasiones en que he escuchado: «Pastor, todo estaba bien hasta que se me dañó el auto, se enfermó mi hijo o mi padre o hasta que hubo que comprar una nueva bomba de agua. No preví esa situación y por ello estoy en déficit». La realidad es que el déficit obedeció a mi falsa expectativa de que todo «iría bien», pero sabemos que en este mundo eso no es posible. Entonces, debemos «prever los imprevistos» de manera que, cuando ocurran (y siempre lo harán), tengamos los recursos para hacerle frente (Stg 4:13-16).

2. Error de cálculo

Es no saber exactamente cuánto se gasta y, peor aún, ¡cuánto se gana! Con frecuencia veo hermanos que carecen de información sobre su propia situación financiera. Algunos nunca han hecho un presupuesto familiar. Otros, que tienen negocios familiares, toman de dicho negocio «lo que necesitan» y, sin darse cuenta, extraen más recursos que lo que dicho negocio aporta. La pena es que luego no saben qué pasó, porque ignoran que su falta de orden los llevó a la insolvencia. Si hemos de ser buenos administradores de los recursos de Dios, tenemos que saber con precisión con qué contamos y en qué gastamos o invertimos. Se hace necesario tener un presupuesto tanto de lo que gano como de lo que gasto, de forma que pueda vivir dentro del nivel de vida que Dios me ha dado y recordando no «vivir en el límite» tal y como lo expusimos en el primer punto. Recordemos que nuestro Dios es un Dios de orden y pedirá cuentas de la forma en que hemos manejado *sus* recursos.

3. Suponer que «si tengo, puedo»

Muchos piensan que, si Dios les ha dado los recursos para adquirir algo, eso indica que Dios aprueba que lo tengan. Mi observación ante esta idea es «no necesariamente». Aunque a nuestra generación materialista le cueste entenderlo, en ocasiones, Dios da recursos para propósitos distintos a nuestro propio disfrute. Adicionalmente, a la hora de adquirir o hacer algo con los recursos que Dios ha dado o, mejor dicho, *prestado*, debo preguntarme cuál es mi motivación. A veces, quiero exponer mi éxito o me muevo por lo que el otro piense de mí. En otras ocasiones, adquiero algo no porque lo necesite, sino por la ansiedad de «tener lo nuevo». ¿Qué me mueve? ¿Qué me motiva al adquirir algo? Recordemos que Dios juzga el corazón (1 S 16:7).

4. Dar de lo que «me sobra»

La idea detrás de esto es que «doy si puedo». A esta actitud la he llamado «generosidad residual», es decir, que compartimos con otros cuando nos sobra. El problema es que a muy pocos les sobra porque nuestro corazón materialista siempre quiere más. Esto es contrario a la enseñanza de la Palabra en cuanto a la generosidad. En Lucas 21:4 vemos cómo Jesús elogia a la viuda que «echó todo lo que tenía para vivir». ¡No de lo que le sobraba! Más adelante, Pablo elogia a los macedonios porque compartieron con los hermanos de Jerusalén cuando dieron «aun más allá de sus posibilidades... » (2 Co 8:3). La generosidad cristiana más que residual ha de ser *prioritaria*. Hemos de estar atentos al que necesita y compartir. ¡Así es Dios y así debemos ser nosotros! (1 P 2:9).

5. Pensar en la deuda como una oportunidad

La generación en la que vivimos ha hecho del crédito y la deuda algo bueno. Se entiende que, cuando una institución financiera me «abre sus puertas» para darme un préstamo, me está haciendo «un favor». La verdad es que, en la Palabra, la deuda, aunque no es pecado en sí misma, no necesariamente es lo más sabio. ¿Y por qué? En primer lugar, porque toda deuda implica intereses y, por tanto, supone una «esclavitud» al que le debo (Pr 22:7). En segundo lugar, porque la deuda debilita mi dominio propio. Muchos piensan: «¿Por qué esperar si puedo comprarlo hoy?». En tercer lugar, la deuda hace conjeturas sobre el futuro y eso, según la Palabra, es pecado (Stg 4:13-16). Por todas estas razones, endeudarnos ha de ser algo que meditemos detenidamente, pero eso sería material de otro artículo.

NOTAS

1. Rojas Montes, E. (2007). *El hombre light*. Madrid: Temas de Hoy, pp. 56-57.

2. MacDonald, William. *Comentario Bíblico de William MacDonald: Antiguo Testamento Y Nuevo Testamento*. Viladecavalls (Barcelona), España: Editorial CLIE, 2004.

3. Es un ministerio dedicado a producir y divulgar la enseñanza bíblica en cuanto al manejo financiero. Fue fundado en 1976 por Larry Burkett junto a otras personas.

4. Dr. Larry Burkett, seminario «La familia y sus finanzas», Conceptos Financieros Crown, 1998.

5. MacDonald, William. *Comentario Bíblico de William MacDonald: Antiguo Testamento Y Nuevo Testamento*. Viladecavalls (Barcelona), España: Editorial CLIE, 2004.

6. https://www.christianity.com/church/church-history/church-history-for-kids/george-mueller-orphanages-built-by-prayer-11634869.html

7. Liefeld, Walter L. «Luke». *The Expositor's Bible Commentary: Matthew, Mark, Luke*. Ed. Frank E. Gaebelein. Vol. 8. Grand Rapids, MI: Zondervan Publishing House, 1984. 961.

8. Rojas Montes, E. (2007). *El hombre light*. Madrid: Temas de Hoy, pp. 56-57.

9. https://www.treasurydirect.gov/NP/debt/current

10. MacDonald, William. *Comentario Bíblico de William MacDonald: Antiguo Testamento Y Nuevo Testamento*. Viladecavalls (Barcelona), España: Editorial CLIE, 2004.

11. Earle, Ralph. «1 Timothy». *The Expositor's Bible Commentary: Ephesians through Philemon*. Ed. Frank E. Gaebelein. Vol. 11. Grand Rapids, MI: Zondervan Publishing House, 1981, pp. 384.

12. Sproul, R.C. ¿Controla Dios todas Las Cosas? (Spanish Edition). Ligonier. Kindle Edition.

13. Burroughs, Jeremiah. *The Rare Jewel of Christian Contentment*, Printed by Peter Cole, 1984, p. 39.

14. MacArthur, John, Jr., ed. *The MacArthur Study Bible*. electronic ed. Nashville, TN: Word Pub., 1997.

15. MacArthur, John F. *Whose Money Is It Anyway?* Thomas Nelson. Kindle Edition.

16. MacDonald, William. *Comentario Bíblico de William MacDonald: Antiguo Testamento Y Nuevo Testamento*. Viladecavalls (Barcelona), España: Editorial CLIE, 2004.

17. Fundador de DesiringGod.org.

18. Fundador del U.S. Center for World Mission.

19. https://www.desiringgod.org/interviews/is-wartime-living -the-same-as-minimalism

20. Ibíd.

21. https://www.epm.org/resources/2011/Feb/17/ staying-or-going-choosing-strategic-lifestyle-wher/

22. https://www.wordreference.com/definicion/generosidad

23. Merriam-Webster, Inc. *Merriam-Webster's collegiate dictionary*. 2003.

24. Manser, Martin H. *Diccionario de temas bíblicos: la herramienta accesible y completa para estudios temáticos.* Londres: Martin Manser, 2009.

25. Alcorn, Randy. *Managing God's Money: A Biblical Guide.* Tyndale House Publishers. Kindle Edition, pp. 78-79.

26. https://www.lexico.com/es/definicion/fraude

27. Una versión de la respuesta a esta pregunta apareció primero en el artículo *¿Qué debe pensar un cristiano sobre los negocios multiniveles?*, publicado en Coalición por el Evangelio el 24 de junio de 2019: https://www.coalicionporelevangelio.org/ articulo/pensar-cristiano-los-negocios-multiniveles/